MANUEL DU PETIT CITOYEN

LA LIBERTÉ ET SES LIMITES

Ouvrage conforme aux derniers programmes
de l'Enseignement primaire, des Écoles primaires supérieures
et de l'Enseignement secondaire moderne

PAR

Louis JUVENETON

LICENCIÉ ÈS-LETTRES

ANCIEN DIRECTEUR D'ÉCOLE SECONDAIRE LIBRE A SAINT-ETIENNE

PROFESSEUR AU COLLÈGE DU BLANC (INDRE)

TARBES
IMPRIMERIE CROHARE & REDAUD
1902
Tous droits réservés.

8º R
17916

MANUEL
DU PETIT CITOYEN

LA LIBERTÉ ET SES LIMITES

Ouvrage conforme aux derniers programmes
de l'Enseignement primaire, des Écoles primaires supérieures
et de l'Enseignement secondaire moderne

PAR

Louis JUVÈNETON

LICENCIÉ ÈS-LETTRES

ANCIEN DIRECTEUR D'ÉCOLE SECONDAIRE LIBRE A SAINT-ETIENNE

PROFESSEUR AU COLLÈGE DU BLANC (INDRE)

TARBES
IMPRIMERIE CROHARÉ & REDAUD
1902
Tous droits réservés.

PRÉFACE

La méthode catéchétique, fort attaquée de nos jours, compte pourtant en France des partisans de valeur, parmi lesquels un ancien Président du Conseil, ancien Ministre de l'Instruction publique, M. Charles Dupuy. A l'étranger, en Allemagne par exemple, les professeurs emploient souvent la « catéchismuslehre » pour résumer, condenser, coordonner ce qu'il y a d'essentiel à savoir sur un sujet déterminé. Nous n'avons pas craint de l'adopter pour ce petit livre que nous offrons aux écoles et aux familles; car il ne nous a pas semblé que les critiques dont elle est l'objet fussent décisives.

On prétend que la forme du catéchisme habitue l'enfant à se payer de mots et de formules, qu'elle l'exerce à un simple effort de mémoire sans que l'idée se grave dans l'esprit.

Cette critique serait juste si nous n'avions pas des maîtres capables de faire comprendre aux enfants une idée abstraite, d'en expliquer le sens par des commentaires. D'ailleurs loin de nous la prétention d'imposer à la mémoire des enfants les termes exacts que nous avons employés. Toute autre expression reproduisant la pensée du texte pourra être acceptée dans la récitation de la leçon. L'essentiel est que l'idée soit comprise et expliquée clairement.

D'autre part, nous avons constaté, lorsque nous dirigions une École secondaire libre à Saint-Étienne, la difficulté que les maîtres éprouvaient à faire apprendre à des enfants de douze à treize ans des développements suivis sur des sujets abstraits. Il est nécessaire pour un enseignement de ce genre de poser des questions sur les idées essentielles. — Or, ce sont justement ces questions que nous avons essayé de formuler, en suivant, autant que possible, un développement régulier et un plan déterminé.

Une autre considération nous a encore décidé à adopter la forme catéchétique.

Tous ceux qui, jusqu'ici, ont professé l'enseignement de la morale par les lectures seules ont pu constater que les pensées, les réflexions suggérées par ces lectures restent dans l'esprit de l'enfant à l'état d'impressions vagues qu'il leur est souvent difficile d'exprimer par des mots. Pourquoi ne pas leur fournir ces mots dont ils ont besoin ? Les leçons de morale qui ne sont pas traduites dans un langage précis risquent fort de s'effacer de l'esprit et, lorsque l'enfant sera devenu citoyen, il est à craindre que ces notions, saines sans doute, mais indécises soient facilement détruites, comme on l'a vu trop souvent, par les sophismes des écrivains ou des orateurs de mauvaise foi. Par conséquent, pour armer l'enfant contre le mal, il faut lui donner non seulement l'idée du devoir, mais encore les expressions qui peuvent défendre cette idée.

D'ailleurs, loin de nier l'influence salutaire des lectures, nous les considérons comme des exemples et des commentaires obligés de nos leçons. Nous en avons intercalé un certain nombre, de façon à former une sorte de combinaison des deux enseignements.

Ce manuel, que nous croyons utile à l'éducation des enfants, pourra également servir à celle des adultes. C'est, en effet, un résumé de morale pouvant s'appliquer à la plupart des circonstances de la vie et comprenant l'ensemble des devoirs que tout homme doit observer.

Quant au plan que nous avons suivi, il diffère un peu de celui qui a été adopté dans les ouvrages du même genre. Nous commençons par l'idée de liberté, qui est le principe de la dignité humaine et, comme limites à cette liberté, nous analysons les différents devoirs qui s'imposent à l'homme. Toutefois, on remarquera que, même dans les leçons, où il n'est question que de la liberté, l'idée d'obligation morale est toujours intimement liée à la première. Sans doute il faut développer notre liberté, mais nous ne sommes libres que pour accomplir le devoir. C'est là l'idée essentielle que nous nous sommes efforcé de faire ressortir, trop heureux si nous avons pu, pour notre modeste part, servir la cause de notre éducation nationale, c'est-à-dire à former d'honnêtes gens et de bons citoyens.

L. J.

PREMIÈRE PARTIE

PREMIÈRE LEÇON

La liberté (1)

D. *Qu'est-ce que la liberté ?*
R. La liberté est le pouvoir, pour tout citoyen, d'agir à son gré, de choisir entre diverses déterminations à prendre, de disposer comme il l'entend de ses biens, des forces de son corps et des ressources de son esprit.

D. *La liberté est-elle nécessaire à l'homme ?*
R. Oui, la liberté est nécessaire à l'homme pour lui permettre de développer ses qualités naturelles, d'augmenter sa valeur morale et son bien-être matériel.

D. *Qu'est-ce que le droit ?*
R. Le droit est le pouvoir que nous avons d'agir librement en respectant nos devoirs, en nous conformant aux lois de notre pays ou à des conventions conclues avec nos semblables.

D. *La liberté n'est donc pas absolue ? En d'autres termes, nous n'avons pas le droit de faire tout ce qui nous plaît ?*
R. Non, la liberté n'est pas absolue ; notre liberté ne doit pas porter atteinte à celle d'autrui. Mais si limitée qu'elle soit, elle n'en présente pas moins un vaste champ à l'activité humaine.

---

(1) Par liberté, nous entendons plus spécialement la *liberté morale*, celle de l'esprit. Un homme peut être enfermé dans une prison, la maladie peut lui enlever l'usage de ses membres, il sera alors privé de sa *liberté physique*. Mais s'il a conservé l'usage de ses facultés intellectuelles, il jouit toujours de sa liberté morale, c'est-à-dire du droit de choisir entre deux partis à prendre, de changer d'avis à son gré.

D. *La liberté est-elle nécessaire dans un État ?*

R. La liberté est nécessaire à chaque citoyen. Comme l'État est un ensemble de citoyens, il s'en suit que la liberté est nécessaire à la prospérité générale de l'Etat.

D. *Quel est le principal avantage de la liberté ?*

R. L'homme libre sent en lui une force qui le rend capable de résister aux coups du sort, aux tentations mauvaises et aux influences dangereuses. Maître de son intelligence et de ses bras, il peut s'affranchir des liens de dépendance qui l'empêcheraient d'améliorer sa condition sociale.

D. *Quelle est la garantie de la liberté individuelle ?*

R. La liberté individuelle est garantie par la loi. Les articles VI et VII de la Déclaration des droits de l'homme sont ainsi conçus (1) :

Art. VI. — La loi est l'expression de la volonté générale. Tous les citoyens ont le droit de concourir personnellement, ou par leurs représentants, à sa formation. Elle doit être la même pour tous, soit qu'elle protège, soit qu'elle punisse. Tous les citoyens, étant égaux à ses yeux, sont également admissibles à toutes dignités, places et emplois publics, selon leur capacité et sans autre distinction que celle de leurs vertus et de leurs talents.

Art. VII. — Nul homme ne peut être accusé, arrêté, ni détenu que dans les cas déterminés par la loi et selon les formes qu'elle a prescrites. Ceux qui sollicitent, expédient, exécutent ou font exécuter des ordres arbitraires, doivent être punis ; mais tout citoyen appelé ou saisi en vertu de la loi doit obéir à l'instant : il se rend coupable par sa résistance.

LECTURES

Contre ceux qui nient la liberté

La liberté dans l'homme est la santé de l'âme. Peu de gens ont cette santé entière et inaltérable. Notre liberté est faible et bornée

(1) La Déclaration des droits de l'homme et du citoyen est un manifeste publié par l'Assemblée nationale le 2 octobre 1789 et proclamant l'égalité des citoyens, la liberté individuelle, la liberté de conscience, etc.

comme toutes nos autres facultés. Nous la fortifions en nous accoutumant à faire des réflexions et à maîtriser nos passions ; cet exercice de l'âme la rend un peu plus vigoureuse. Mais quelques efforts que nous fassions, nous ne pourrons jamais parvenir à rendre cette raison souveraine de tous nos désirs, il y aura toujours dans notre âme comme dans notre corps des mouvements involontaires; car nous ne sommes ni sages, ni libres, ni savants que dans un très petit degré.

Je sais que l'on peut, à toute force, (1) abuser de sa raison pour contester la liberté aux animaux et les concevoir comme des machines qui n'ont ni sensation, ni désirs, ni volontés, quoiqu'ils en aient toutes les apparences. Je sais qu'on peut forger des systèmes, c'est-à-dire des erreurs, pour expliquer leur nature. Mais enfin, quand il faut s'interroger soi-même, il faut bien avouer, si l'on est de bonne foi, que nous avons une volonté, que nous avons le pouvoir d'agir, de remuer notre corps, d'appliquer notre esprit à certaines pensées, de suspendre nos désirs, etc...

Il faut donc que les ennemis de la liberté avouent que notre sentiment intérieur nous assure que nous sommes libres ; et je ne crains point d'assurer qu'il n'y en a aucun qui doute de bonne foi de sa propre liberté, et dont la conscience ne s'élève contre le sentiment artificiel par lequel ils veulent se persuader qu'ils sont nécessités (2) dans toutes leurs actions.

VOLTAIRE. (3)

La liberté, droit naturel de l'homme

La liberté est essentielle à l'homme ; elle est son caractère propre, ce qui le distingue de tous les êtres créés et fait de lui le chef-d'œuvre de la création. Il ne peut pas renoncer à sa liberté sans se dégrader, ni attenter à la liberté d'autrui sans forfaire à tous ses devoirs. Si la société civile nous impose quelques entraves, c'est qu'il a été nécessaire, pour mieux préserver la liberté, d'empêcher qu'elle ne dégénère en licence et qu'elle n'engendre l'oppression par l'abus de la force. La société est précisément fondée pour garantir la liberté contre la force ; et cela est si vrai

---

(1) En forçant son raisonnement.

(2) Qu'ils sont poussés à agir par des causes qui dominent leur volonté.

(3) François-Arouet de Voltaire (1694-1778), illustre écrivain, poète, historien et philosophe français, auteur du *Siècle de Louis XIV*, de l'*Histoire de Charles XII*, de tragédies nombreuses parmi lesquelles *Zaïre* et *Mérope*, du *Dictionnaire philosophique* et d'une admirable correspondance

qu'elle ne doit exiger de nous que le sacrifice des libertés individuelles incompatibles avec la liberté générale. Tout ce qu'une société prescrit au delà est tyrannique.

J. SIMON. (1).

2e LEÇON

La liberté *(suite).* **La liberté égale pour tous ou égalité**

D. *Qu'est-ce que la volonté?*
R. La volonté est la liberté dirigée par l'intelligence.

D. *Qu'est-ce que l'initiative?*
R. L'initiative est un mouvement de notre âme prenant hardiment une décision. La volonté ne doit pas être passive, elle ne doit pas se laisser enchaîner par les circonstances, ni rester timidement attachée à la volonté d'autrui.

D. *Qu'est-ce que l'effort?*
R. L'effort est un mouvement de l'intelligence poussant notre volonté à atteindre un but déterminé.

D. *L'effort est-il nécessaire dans la vie?*
R. Oui, la vie est une suite continuelle d'efforts.

D. *La liberté est-elle une condition du progrès?*
R. En donnant à tous les citoyens le moyen de développer leurs forces physiques et intellectuelles, la liberté permet à l'industriel, par exemple, d'inventer de nouveaux procédés pour perfectionner la fabrication de ses produits, au savant de faire de nouvelles découvertes, au penseur de trouver de meilleures conditions d'existence pour l'humanité. Il en résulte que la liberté est une des conditions essentielles du progrès.

---

(1) Jules Simon, né en 1814, écrivain, philosophe et homme politique, fut membre du gouvernement de la Défense nationale et ministre de l'instruction publique. Il a écrit de nombreux ouvrages de philosophie et d'enseignement, entre autres le *Devoir*, la *Liberté*, l'*Ouvrière*, la *Réforme de l'enseignement secondaire*, etc... (Hachette, éditeur.)

D. *Quel est l'article de la Déclaration des Droits de l'Homme relatif à la liberté égale pour tous, c'est-à-dire à l'Egalité?*

R. L'article 1er de la Déclaration des Droits de l'Homme est ainsi conçu : « Les hommes naissent et demeurent libres et égaux en droits. Les distinctions sociales ne peuvent être fondées que sur l'utilité commune. »

D. *Comment expliquez-vous ces divers articles de la Déclaration des Droits de l'Homme? En quoi les hommes sont-ils égaux? La nature n'a-t-elle pas créé en eux des inégalités physiques, intellectuelles?*

R. Il ne s'agit pas de l'*égalité physique*, car certains hommes ont la santé et la force, alors que d'autres en sont privés, ni de l'*égalité intellectuelle*, car nous voyons des différences dans le développement des esprits. La véritable égalité, c'est la possession des mêmes droits et l'obligation aux mêmes devoirs, c'est *l'égalité devant la loi*.

D. *Expliquez comment peuvent se produire les « distinctions sociales » dont parle la Déclaration des Droits de l'Homme?*

R. Tous les hommes sont égaux en droits, mais comme il y a entre eux des différences physiques ou morales, l'homme laborieux et intelligent pourra se créer une situation supérieure à celle d'un homme paresseux et d'intelligence médiocre. Les citoyens se distinguent les uns des autres, c'est-à-dire ont un rang plus ou moins élevé suivant les services qu'ils rendent à la société.

LECTURE

Respect de la liberté d'autrui. — La vente des esclaves à Washington

On attendait l'ouverture des enchères. Les hommes et les femmes que l'on allait vendre formaient un groupe à part; ils se parlaient entre eux à voix basse. La femme désignée sous le nom d'Agar était une véritable africaine de tournure et de visage : elle pouvait avoir soixante ans, mais elle en portait davantage; la maladie et les fatigues l'avaient vieillie avant l'âge. Elle était presque aveugle et ses membres étaient perclus de rhumatismes,

A côté d'elle se tenait le dernier de ses fils, Albert, petit, mais alerte et beau garçon de quatre ans. C'était le dernier survivant d'une nombreuse famille que la malheureuse mère avait vu vendre pour les marchés du Sud. La pauvre vieille appuyait sur lui ses deux mains tremblantes et jetait un regard inquiet et timide sur tous ceux qui s'approchaient pour l'examiner.

« Ne craignez rien, mère Agar, dit le plus vieux des nègres, j'en ai parlé à M. Thomas et il espère pouvoir arranger cela de façon à vous vendre ensemble dans un seul lot. »

Cependant Haley, un marchand d'esclaves, fendit la foule, arriva au vieux nègre, lui fit ouvrir la bouche, examina la mâchoire, frappa de petits coups sur les dents, le fit lever, se dresser, courber le dos et accomplir diverses évolutions pour montrer ses muscles. Puis, il passa au suivant et lui fit subir le même examen. Il alla enfin vers Albert, lui tâta le bras, étendit ses mains, regarda ses doigts et le fit sauter pour voir sa souplesse.

Il ne peut être vendu sans moi, dit la vieille femme avec une énergie passionnée. Lui et moi nous ne faisons qu'un seul lot ; je suis encore très forte, monsieur, je puis faire un tas d'ouvrage ; comptez là-dessus.

— Dans une plantation ? dit Haley avec un regard de mépris. En voilà une histoire ! » Puis, comme s'il eût suffisamment examiné, il se promena dans la cour regardant à droite et à gauche, les mains dans les poches, le cigare à la bouche, le chapeau sur l'oreille, prêt à agir.

Le commissaire-priseur, petit homme trapu, à l'air affairé et important, se fraya un passage à l'aide de ses coudes. La pauvre mère retint son souffle.

— Tenez-vous auprès de votre mère, Albert ; ils nous vendront ensemble, dit-elle.

— Ah ! maman ! j'ai peur que non, dit l'enfant.

— Il le faut, où je péris », dit la pauvre femme.

Le commissaire commanda le silence, et d'une voix de stentor, il annonça que la vente allait commencer. La foule se recula un peu et l'on commença.

Les différents esclaves furent vendus à des prix qui montraient que les affaires allaient bien. Deux d'entre eux furent adjugés à Haley.

« Allons, viens ça, petit, dit le commissaire en touchant l'enfant de son marteau ; debout, et montre comme tu es souple !

— Mettez-nous ensemble, Monsieur, s'il vous plaît », dit la vieille femme en se serrant contre son fils.

« Au large ! répondit le commissaire d'un ton brutal, en lui faisant lâcher prise. Vous venez la dernière. Allons, noiraud, saute » et en même temps il poussa l'enfant sur l'estrade. Un profond sanglot se fit entendre derrière lui ; l'enfant s'arrêta et se retourna ; mais il n'avait pas de temps à lui…, il dut marcher ; des larmes tombaient de ses yeux brillants.

Son beau visage, sa tournure gracieuse, ses membres souples, excitèrent vivement les concurrents. Une douzaine d'enchères vinrent simultanément assaillir les oreilles du commissaire.

L'enfant, inquiet, effrayé, jetait les yeux de tous côtés en entendant ce bruit et cette lutte des enchères se disputant sa personne. Enfin, le marteau retomba. L'acquéreur était Haley. L'enfant fut poussé de l'estrade vers son nouveau maître. Il s'arrêta encore un instant pour regarder sa vieille mère, dont les membres tremblaient et qui tendait vers lui ses mains émues.

« Achetez-moi aussi, Monsieur, disait-elle ; achetez-moi. Je mourrai si vous ne m'achetez pas.

— Vous mourriez bien davantage, si je vous achetais ! dit Haley, non ! » Et il pirouetta sur ses talons.

L'enchère de la vieille ne fut pas longue… Un homme qui avait causé avec Haley, et qui ne semblait pas dépourvu de tout sentiment de pitié, l'acheta pour une misère. La foule commença alors à se disperser. Les victimes de la vente, qui avaient vécu ensemble pendant des années, se réunirent autour de la pauvre mère désolée dont l'agonie était navrante.

« Ne pouvaient-ils m'en laisser un ? Le maître avait toujours dit qu'on m'en laisserait un ! » répétait-elle sans cesse avec une expression déchirante.

Mme BEECHER-STOWE. (1)

3e LEÇON

La responsabilité — La personnalité humaine

D. *Qu'est-ce que la responsabilité ?*

R. La responsabilité est une conséquence de la liberté. Puisque nous sommes libres, nous devons subir les conséquences des actes que nous avons volontairement accomplis. Nous aurions mauvaise grâce de nous plaindre de malheurs arrivés par notre faute et si nous avons été coupables vis-à-vis de nos semblables, nous devons être punis en raison des torts que nous leur avons volontairement causés.

---

(1) Mme Beecher-Stowe, née en 1814, écrivain américain, auteur de la *Case de l'oncle Tom*, le plaidoyer le plus émouvant qui ait été écrit en faveur des esclaves.

D. *Une force privée de liberté peut-elle être responsable ?*

R. Evidemment non. On ne doit pas accuser un fou, privé de conscience ou de raison des crimes qu'il peut commettre. On ne blâme pas le grisou (1) lorsqu'il fait des centaines de victimes. Ce n'est pas librement et volontairement que ce gaz a produit une catastrophe, c'est en vertu des lois naturelles et fatales.

D. *Dans quel cas la responsabilité humaine peut-elle être atténuée ?*

R. Le degré de notre responsabilité dépend du degré de notre liberté. Plus notre liberté est grande, plus nous devons subir les conséquences de nos actes. Si, au contraire, notre liberté a subi une atteinte, notre responsabilité se trouve par cela même diminuée.

D. *Dans quels cas y a-t-il irresponsabilité ?*

R. Je ne puis être responsable d'un malheur que j'ai causé, mais que je n'ai pas *voulu*. Si je fais, malgré moi, rouler de la montagne une pierre qui va tuer un berger, j'aurai du regret de l'accident, je me reprocherai toute ma vie mon manque d'attention, mais aux yeux de la loi, je ne suis pas un meurtrier. L'homme n'est pas non plus responsable des actes commis pendant le sommeil ou pendant la fièvre. L'ignorant est moins responsable que l'homme instruit dont la conscience est mieux éclairée, l'intention plus réfléchie.

D. *L'ivresse peut-elle être une cause d'irresponsabilité ?*

R. L'ivresse ne saurait excuser les fautes et les crimes qu'elle fait commettre. L'homme qui s'enivre est responsable de la dégradation morale où il est volontairement tombé et, par conséquent, des actes que ce vice honteux a provoqués.

D. *Qu'appelle-t-on personnalité humaine ?*

R. La personnalité humaine est constituée par la responsabilité et la liberté. Tout citoyen doit être une personne libre et responsable de ses actes.

(1) Le grisou est un gaz inflammable qui se dégage des mines de houille et produit quelquefois de terribles explosions.

LECTURE

La liberté à travers l'histoire — L'esclavage dans l'antiquité

La liberté égale pour tous ne date que des temps modernes. Chez les peuples barbares de l'antiquité, où la force seule dominait, l'homme voulut se dispenser de la loi du travail. Le fort fit travailler le faible et le réduisit en servitude.

Chez les Hébreux, chez les Grecs et surtout chez les anciens Romains, l'esclavage était une institution sociale. Les prisonniers de guerre, les débiteurs qui ne pouvaient acquitter leurs dettes, étaient vendus comme esclaves. Ils devenaient la propriété, la chose du maître, au même titre que les animaux domestiques.

Les esclaves étaient le plus souvent occupés aux travaux les plus vulgaires et les plus pénibles. Quelquefois aussi il y avait des esclaves instruits chargés des fonctions de secrétaires et de précepteurs.

Les vastes domaines de l'Italie n'étaient pas cultivés par des hommes libres, mais par de nombreux esclaves, dont le chef, le *villicus* ou intendant était lui-même de condition servile.

On cite de riches romains qui possédaient jusqu'à 20,000 esclaves. Ils avaient sur eux droit de vie et de mort et leur faisaient subir de cruels traitements. La peine du fouet, une des plus terribles, était généralement suivie de mort. Lucullus, général romain, punissait les esclaves dont il avait à se plaindre en les jetant dans un bassin rempli de poissons voraces, qui les déchiraient et s'en disputaient les lambeaux.

Aussi les soulèvements d'esclaves étaient-ils assez fréquents. En 73 avant Jésus-Christ, l'un d'eux, Spartacus, en réunit 70,000 et en forma une armée qui mit Rome à deux doigts de sa perte.

L'esclave avait le droit de se racheter moyennant une certaine somme, le *pécule*, qu'il lui était permis d'acquérir. Il était alors appelé affranchi, mais il n'avait jamais les mêmes avantages que l'homme né de condition libre.

L'esclavage disparut peu à peu, lorsque le christianisme eut répandu le principe de la fraternité des hommes.

Le commerce des esclaves ou la traite des nègres existe encore dans certaines régions de l'Afrique. Il faut espérer que les efforts des missionnaires et les progrès de la civilisation mettront fin à ce honteux trafic.

L'esclavage a été aboli dans l'Inde anglaise en 1843, dans toutes les colonies françaises par un décret du Gouvernement provisoire du 6 mars 1848, aux États-Unis en 1865, au Brésil en 1888.

Le servage

Jusqu'à la révolution de 1789, l'esclavage subsista en France sous une autre forme, le *servage*. Les serfs, attachés à la glèbe, ne pouvaient posséder aucune terre en propre, ne cultivaient que pour le seigneur, ne pouvaient sortir du domaine, ni se marier sans sa permission. Ils pouvaient être vendus avec la terre et le seigneur avait en réalité le droit de vie et de mort sur eux.

Tenus à une redevance en argent, en fruits du sol, en corvées, etc..., pour le fonds qu'ils cultivaient, ils ne pouvaient rien acquérir au delà de ce qui était nécessaire à leur misérable existence. Légalement, ils n'avaient pas même, dans l'origine, le droit au pécule de l'esclave antique. Le seigneur héritait de ce qu'ils pouvaient laisser.

Un certain nombre de serfs furent affranchis sous Louis XVI; mais le servage ne fut réellement aboli avec les autres abus de l'ancien régime que par la Révolution de 1789.

En Russie, le servage subsista encore longtemps, jusqu'au moment où il fut aboli en 1861 par le czar Alexandre II.

4ᵉ LEÇON

Des diverses sortes de liberté

D. *A combien de points de vue peut-on considérer la liberté ?*

R. On peut distinguer la LIBERTÉ CIVILE et la LIBERTÉ POLITIQUE.

D. *Quelles sont les divisions de la liberté civile ?*

R. On distingue dans la liberté civile :

LA LIBERTÉ DE CONSCIENCE ;
LA LIBERTÉ DES CULTES ;
LA LIBERTÉ DE LA PRESSE ;
LA LIBERTÉ DE RÉUNION ET D'ASSOCIATION ;
LA LIBERTÉ DU FOYER ;
LA LIBERTÉ DU TRAVAIL ;
LA LIBERTÉ DU CAPITAL ;
LA LIBERTÉ DU COMMERCE.

D. Quelles sont les divisions de la liberté politique ?

R. La liberté politique, comme la liberté civile, comprend : LA LIBERTÉ DE CONSCIENCE; LA LIBERTÉ DE LA PRESSE; LA LIBERTÉ DE RÉUNION, auxquelles il convient d'ajouter LA LIBERTÉ DU VOTE.

LA LIBERTÉ CIVILE

La liberté de conscience

D. Qu'est-ce que la liberté de conscience?

R. La liberté de conscience est le droit pour chaque citoyen de croire les choses qui lui paraissent vraies aux yeux de sa conscience et de sa raison.

D. Qu'est-ce que la conscience ?

R. La conscience est le pouvoir que nous avons de distinguer ce qui est bien de ce qui est mal.

D. Peut-on me forcer à accepter des opinions que je crois fausses ?

R. Nul n'a le droit de me ravir mes convictions, de me contraindre à adopter des opinions contraires aux miennes. La conscience humaine est une retraite sacrée ; il n'appartient ni à un homme ni à l'État de la violer.

D. Comment devons-nous agir à l'égard des opinions que nous jugeons mauvaises ?

R. Nous devons les combattre de toute notre énergie, démontrer leur fausseté, empêcher qu'elles n'exercent trop loin leur fâcheuse influence.

La conscience

Conscience! Conscience! Instinct divin; immortelle et céleste voix; guide assuré d'un être ignorant et borné, mais intelligent et libre; juge infaillible du bien et du mal, qui rends l'homme semblable à Dieu; c'est toi qui fais l'excellence de sa nature et la moralité de ses actions; sans toi je ne sens rien en moi qui m'élève au-dessus des bêtes, que le triste privilège de m'égarer d'erreurs en erreurs à l'aide d'un entendement sans règle et d'une raison sans principe.

J.-J. ROUSSEAU. (1)

5e LEÇON

La liberté de conscience *(Suite)*. La tolérance

D. *Qu'est-ce que la tolérance ?*

R. Du moment que nous avons le droit d'être respectés dans nos croyances, nous devons respecter celles des autres, quand elles sont sincères. Ce respect des opinions d'autrui s'appelle la tolérance.

D. *Qu'est-ce que l'intolérance ?*

R. Nous ne pouvons avec notre intelligence sujette à l'erreur prétendre à la possession de la vérité absolue. L'intolérance consiste à imposer nos idées par la force ou par la menace; elle est contraire au principe de liberté.

D. *Quel est l'article de la Déclaration des droits de l'homme relatif à l'intolérance ?*

R. L'article X de la Déclaration des droits de l'homme est ainsi conçu : « Nul ne doit être poursuivi pour ses opinions politiques et religieuses, pourvu que leur manifestation ne trouble point l'ordre public établi par la loi. »

D. *Sous quelles formes l'intolérance se manifeste-t-elle dans la société moderne ?*

R. Certaines personnes font preuve d'intolérance à l'égard des gens qui ne partagent pas les mêmes opinions qu'elles, par exemple en retirant aux ouvriers leur travail, à des commerçants leur clientèle. On empêche par les moyens d'influence dont on dispose la libre manifestation des opinions, on exploite la faiblesse et la misère des uns, les embarras ou les besoins des autres pour obtenir des actes contraires à leurs convictions.

---

(1) J.-J. Rousseau, célèbre écrivain français, né à Genève en 1712, mort en 1778, auteur d'*Emile*, du *Contrat social*, de la *Nouvelle Héloïse*, des *Confessions*, etc.

D. *Convient-il de faire parade de ses idées en tout lieu et en toute circonstance ?*

R. Tout en restant ferme dans ses convictions, il est de mauvais goût d'opposer constamment ses opinions à celles des autres, de heurter de front des croyances sincères et respectables. Il est toujours permis de défendre ses idées, mais sans froisser des susceptibilités légitimes et en observant toujours, surtout envers les supérieurs et les personnes âgées, les règles de la bienséance.

6ᵉ LEÇON

La liberté des cultes

D. *Qu'est-ce que la liberté des cultes ?*

R. La liberté des cultes est une conséquence de la liberté de penser. Tout homme a le droit d'embrasser la religion et de pratiquer le culte qui lui paraissent vrais aux yeux de sa raison.

D. *Est-il permis, par conséquent, d'imposer l'exercice d'un culte plutôt que d'un autre ?*

R. Rien ne doit être plus libre que l'exercice des devoirs religieux. Nul ne peut, sous aucun prétexte, les imposer à personne, nul ne peut non plus empêcher personne de les remplir.

D. *Un homme est-il honnête parce qu'il professe une religion plutôt qu'une autre ?*

R. Il y a des honnêtes gens dans les fidèles des différents cultes. L'honnête homme est celui qui pratique la morale du devoir. Quant à la religion, elle est d'ordre intime et personnel; elle dépend uniquement des convictions individuelles.

D. *La liberté des cultes a-t-elle toujours existé ?*

R. La liberté des cultes a été proclamée en France par la Révolution de 1789. L'histoire nous raconte de nombreux faits d'intolérance religieuse aussi bien dans l'antiquité que dans les temps modernes.

D. *Pourriez-vous en citer quelques-uns ?*

R. Socrate (1) a été condamné à boire la ciguë, Jésus-Christ a été crucifié, Jean Huss (2) a été brûlé, Thomas Morus (3) a été exécuté par ordre d'Henri VIII d'Angleterre, le roi de France Charles IX a ordonné le massacre des protestants le jour de la Saint-Barthélemy.

D. *Quelle a été la cause de tous ces crimes ?*

R. Beaucoup de gens, surtout en matière religieuse, s'imaginent être les dépositaires de la vérité absolue. Se croyant les instruments de la volonté divine, ils ne reculent devant aucune violence pour faire triompher leurs idées qu'ils croient infaillibles.

LECTURES

La liberté de penser

La liberté de penser a un caractère particulier qui la distingue de toutes les autres ; c'est d'être la racine et la condition de toutes les autres. Il est absurde de demander la liberté pour un être dénué de raison et il est absurde d'accorder quelque liberté à un être raisonnable, qu'on prive d'abord de la liberté d'user de sa raison. Il semble qu'en gênant mes autres libertés, on ne restreigne que l'expansion de mon être ; tandis qu'en touchant à celle-ci, c'est mon être lui-même que l'on opprime.....

On ne peut comprendre qu'une force se place entre la conscience de l'homme et ces deux étoiles de sa vie : Dieu et la Vérité.

J. SIMON.

Mort de Thomas Morus

On parla à Morus de l'influence qu'allait avoir son exemple. « Que veut-on de moi, répondit-il ; je ne fais pas de mal, je ne

---

(1) Socrate (470-400 avant J.-C.), philosophe athénien, enseigna la morale la plus pure et fut condamné, pour sa doctrine, à mourir en buvant la ciguë.

(2) Jean Huss, un des précurseurs de la Réforme, fut condamné au feu par le concile de Constance (1415).

(3) Thomas Morus, 1480-1535, grand chancelier d'Angleterre, eut la tête tranchée par ordre d'Henri VIII qu'il refusait de reconnaître comme chef de l'église anglicane.

dis pas de mal ; si ce n'est pas assez pour garder un homme en vie, eh bien ! je ne désire pas vivre plus longtemps. D'ailleurs, je suis déjà mourant, et depuis que je suis entré ici, j'ai dû penser plusieurs fois que je n'avais pas une heure à vivre. Mon pauvre corps est à la disposition du roi. Dieu veuille que ma mort lui fasse du bien ! »

Le roi voulait absolument que Morus se prononçât pour ou contre le statut et on le dit au chancelier.

Celui-ci rappela la maxime du roi lui-même : « Servir Dieu d'abord et le roi après Dieu. » Ce fut la seule vengeance de l'honnête homme.

On finit par lui poser les deux questions : Avez-vous le statut ? — Il répondit : Oui. — Est-il légal, oui ou non ? — Il se tut.

Un membre pensa le prendre en paraissant douter de son mépris pour la vie. Il dit à Morus : Si vous avez un si grand désir de quitter le monde, que ne vous prononcez-vous nettement contre la légalité du statut ? Votre silence ferait croire que vous seriez moins content de mourir que vous le dites. »

Morus fit cette sublime réponse : « Je n'ai pas été d'une vie si sainte que je puisse m'offrir de moi-même à la mort. Je craindrais que Dieu ne me punît de ma présomption en m'abandonnant. »

Morus fut condamné à mort.

A neuf heures, il s'achemina vers l'échafaud. Une bonne femme lui offrit un verre de vin ; il le refusa en disant : « Le Christ à sa passion ne but pas de vin, mais du fiel et du vinaigre. » Arrivé au pied de l'échafaud, il le trouva si branlant qu'il dit au lieutenant de la Tour : « Veillez, je vous prie, à ce que je puisse monter sûrement : pour la descente je m'en tirerai comme je pourrai. »

Comme il commençait à parler au peuple, le shérif l'interrompit. Morus se borna de dire à la foule de prier pour lui.

L'exécuteur lui demanda pardon. Morus l'embrassa et lui dit : « Tu vas me rendre le plus grand service que je puisse recevoir d'un autre homme. N'aie pas peur de faire ton devoir. Mon cou est court ; prends garde de ne pas frapper à faux et sauve ton honneur. »

L'exécuteur voulut lui bander les yeux : « Je me les banderai moi-même », dit-il, et il se couvrit d'un mouchoir qu'il avait apporté dans ce dessein. Alors, il posa sa tête sur le bloc, disant à l'exécuteur d'attendre qu'il eut écarté sa barbe, qui n'avait jamais commis de trahison. Ce fut sa dernière parole. L'exécuteur, d'un seul coup, sépara la tête du tronc.

D. NISARD. (1)

(1) Désiré Nisard, (1806-1888.) Professeur et littérateur français, auteur d'une *Histoire de la littérature française* et de nombreux ouvrages de critique et d'histoire.

7ᵉ LEÇON

La liberté de la presse

D. *Sommes-nous libres de répandre nos idées par la parole ou par des écrits?*

R. Si nous avons le droit de penser librement, nous avons aussi le droit de faire connaître nos pensées par la parole ou par des écrits.

D. *Qu'est-ce que la presse?*

R. On appelle « presse » les livres, journaux, brochures, etc.

D. *La presse doit-elle être libre?*

R. La presse doit être libre. Il est essentiel toutefois que l'écrivain soit sincère, respectueux de la justice et de la vérité.

D. *Ne peut-on pas craindre que la vérité soit étouffée par la liberté qu'on laisse à l'erreur?*

R. La vérité finit toujours par triompher; elle n'est jamais vaincue quand elle est attaquée à découvert et qu'il lui est permis de se défendre. Réfuter librement l'erreur après l'avoir laissée se produire librement, c'est le plus sûr moyen de la détruire. (Mirabeau.) (1)

---

(1) Mirabeau (1749-1791), illustre orateur et homme politique français. Quoique noble, il défendit pendant la Révolution la cause du tiers-état. Voici encore ce que dit Mirabeau de la liberté de la presse :

« A moins que le gouvernement ne veuille conduire un troupeau d'aveugles, qu'il nous ôte toutes nos libertés, mais qu'il nous laisse au moins celle de parler et d'écrire selon notre conscience. Qui peut douter de la force éternelle et invincible de la vérité? Qu'a-t-elle besoin pour triompher de police ou de prohibition? Ne sont-ce pas les armes favorites de l'erreur? Accordez à la vérité un plus riche champ sous quelle forme qu'elle se présente et ne vous souciez pas de l'enchaîner, car elle cesserait de parler son langage et il est utile de l'entendre. Les erreurs sont presque aussi communes dans les bons gouvernements que dans les mauvais ; car quel est le ministre dont la religion ne puisse être surprise, surtout si l'on met des entraves à la liberté de la presse? Mais redresser promptement, éclairé par elle, les erreurs dans lesquelles on est tombé, préférer au triste plaisir d'enchaîner les hommes celui de les instruire, faire avec eux volontiers échange de lumières, c'est le devoir et le propre d'un gouvernement honnête et fort.

D. Quel doit être le rôle de la presse ?

R. La presse doit répandre la vérité, combattre les erreurs et les abus, faire ressortir les progrès à accomplir dans la société.

D. La presse a-t-elle toujours été libre ?

R. Avant la Révolution, la liberté de la presse n'existait pour ainsi dire pas. Les livres qui déplaisaient aux pouvoirs publics étaient condamnés par les Parlements, la Sorbonne, ou même brûlés de la main du bourreau. Vauban, (1) à cause de son *Projet de Dîme royale*, dans lequel étaient décrites les misères du peuple, fut disgrâcié.

D. Connaissez-vous d'autres écrivains qui eurent à souffrir de leur franchise ?

R. Rabelais (2) vit son livre de *Gargantua* condamné par la Sorbonne. Descartes (3) se retira en Hollande et jusqu'en Suède pour avoir le droit de développer son système de philosophie. Voltaire (4) passa la plus grande partie de sa vie hors de France pour pouvoir exprimer ses idées en toute liberté.

D. La liberté de la presse a-t-elle été absolue depuis la Révolution ?

R. La liberté de la presse, proclamée en 1791 et 1793, fut de nouveau limitée sous le Premier Empire et sous les diverses monarchies qui se sont succédé jusqu'à nos jours. Aujourd'hui la loi punit dans les livres, journaux, pièces de théâtre, etc., l'injure, la calomnie et l'outrage aux bonnes mœurs.

D. Quel est l'article de la Déclaration des droits de l'homme relatif à la liberté de la presse ?

R. L'article XI de la Déclaration des droits de l'homme est ainsi conçu :

« La libre circulation des pensées et des opinions est un

---

(1) Vauban, (1633-1707), maréchal de France et savant ingénieur français dirigea les sièges mémorables du règne de Louis XIV, fortifia nos places de guerre.

(2) Rabelais (1483-1553), écrivain français, auteur d'un roman satirique, *Gargantua et Pantagruel*.

(3) Descartes (1596-1650), illustre philosophe et mathématicien français, auteur du *Discours de la Méthode*.

(4) Voir la note, page 9.

des droits les plus précieux de l'homme. Tout citoyen peut donc parler, écrire, imprimer librement, sauf à répondre de l'abus de cette liberté dans les cas déterminés par la loi. »

La liberté de la presse

Vous voulez jouir des conquêtes de la liberté? Emancipez la presse. Vous voulez perfectionner l'organisation sociale, préparer par vos lois les progrès futurs et consacrer les progrès accomplis? C'est encore la liberté de la presse qui vous y aidera. S'il faut attendre un Montesquieu ou un Turgot, vous pourrez attendre des siècles. — A défaut du génie d'un grand homme, convoquez toutes les intelligences comme dans une sorte d'éternel concile. Qu'il y ait, chaque matin, place pour la discussion des abus et pour la préparation de l'avenir. L'humanité pouvait se taire, quand elle s'attachait à la tradition et se glorifiait d'être immobile. Mais aujourd'hui, qu'ayant conscience de sa force et de sa destinée, elle se reconnaît capable d'améliorations et se croit obligée à marcher en avant, peut-elle ériger le silence en principe? Autant est criminel celui qui, sans études sérieuses, sans garanties à offrir, prenant des espérances vagues pour des théories utiles et réalisables, se jette dans la rue, ébranle l'ordre qui subsiste, répand le sang, conquiert le pouvoir, et ne sait plus s'en servir quand il a le pouvoir dans la main, autant est digne de respect l'écrivain qui, se mettant lui-même à l'écart, donnant son temps et son intelligence à la cause sacrée du bonheur commun, sonde les institutions de son pays, en raconte l'origine, en montre les conséquences, en prouve l'inanité ou les dangers, discute avec science et bonne foi les réformes proposées, apporte à son tour son système après l'avoir profondément mûri, dit la vérité aux gouvernants et aux gouvernés avec courage, également dédaigneux des faveurs que vendent les princes et de celles que donnent les peuples, pourvu qu'il ait le témoignage de sa conscience...

J. Simon.

8ᵉ LEÇON

La liberté de réunion et d'association

D. *Qu'est-ce que la liberté de réunion?*

R. La liberté de réunion est le droit qu'ont tous les citoyens de se réunir pour discuter les questions qui les intéressent, à la condition que ces réunions ne troublent pas l'ordre public.

D. *Combien y a-t-il de sortes de réunions ?*

R. Il y a deux sortes de réunions, la réunion privée et la réunion publique.

D. *Qu'entend-on par réunion privée ?*

R. La réunion privée résulte du droit pour tout citoyen de réunir dans son domicile ou dans tel lieu qui lui convient toutes les personnes qu'il lui plaît de convoquer. La réunion privée, quand elle comprend plus de vingt personnes, est soumise à une seule formalité qui est une déclaration préalable.

D. *Qu'entend-on par réunion publique ?*

R. Une réunion publique est celle où tous les citoyens sans distinction peuvent être admis. La réunion publique doit être soumise à certaines formalités qui, loin de nuire à la liberté de réunion, doivent la garantir au contraire et maintenir le bon ordre.

D. *Quelles sont ces formalités ?*

R. Ces formalités sont : une déclaration préalable signée de deux témoins, la constitution d'un bureau, c'est-à-dire la nomination d'un président et de deux assesseurs au moins. Les assistants doivent également accepter la présence d'un agent de l'autorité dans leur réunion.

D. *La liberté de réunion n'implique-t-elle pas la liberté de discussion ?*

R. Dans toute réunion, des mesures doivent être prises pour assurer la liberté de discussion. Toutes les opinions ont le droit de se faire entendre. Il ne convient pas à un parti d'étouffer par des clameurs la voix de ses adversaires. Comme dit le proverbe : De la discussion jaillit la lumière.

D. *Qu'est-ce que la liberté d'association ?*

R. La liberté d'association est le droit qu'ont tous les citoyens de se réunir pour vivre, travailler en commun.

D. *Pourquoi l'Etat exerce-t-il un contrôle sur les associations ?*

R. Les citoyens qui n'ont pas abdiqué leur liberté, dont l'existence se passe au grand jour, peuvent vivre sous le régime des lois communes à tous. Toutefois, il est certains hommes qui se séparent de la majorité des citoyens et se retirent dans une retraite religieuse par exemple. C'est leur droit absolu. Mais l'Etat a également le droit de connaître ceux qui s'isolent ainsi, et renoncent à la vie sociale, de les surveiller, de contrôler leurs actes, de leur imposer certaines obligations.

9ᵉ LEÇON

La liberté du foyer

D. *Tout citoyen est-il libre de constituer une famille suivant ses préférences personnelles ?*

R. Tout citoyen a le droit et le devoir, en observant les conditions prévues par la loi, de se marier à son gré, de constituer une famille, lorsqu'il a une situation lui permettant de la nourrir et de l'élever.

D. *La liberté est-elle égale pour tous les membres de la famille ?*

R. La liberté ne saurait être égale entre tous les membres de la famille. Le père en est le chef absolu d'après les lois en usage chez tous les peuples. Lui seul a la garde des intérêts qui sont communs à tous. (1)

D. *Quels sont les droits du père et de la mère de famille ?*

R. Le père et la mère de famille sont les maîtres de la direction morale et de l'entretien matériel de leurs enfants. Ils sont libres de leur donner l'éducation qui leur plaît, pourvu que cette éducation ait pour but d'en faire d'honnêtes gens et de bons citoyens.

---

(1) Voir plus loin, à la 42ᵉ leçon, relative aux *Devoirs de famille*, les devoirs du père, de la mère et des enfants.

D. *Pourquoi les enfants sont-ils soumis à l'autorité de leurs parents?*

R. Les enfants ne sauraient jouir d'une liberté qui leur serait souvent funeste, à cause de leur inexpérience et de leur faiblesse. Leur indépendance ne commencera que le jour où ils seront en état de pourvoir à leurs besoins et lorsque l'expérience les aura rendus capables de vaincre les difficultés de la vie.

D. *Pourquoi la liberté peut-elle être nuisible à l'éducation morale des enfants?*

R. Les idées d'honneur et de devoir, les habitudes de travail ont besoin, pour se produire en nous, d'une contrainte, d'une surveillance sévère s'exerçant sur les premières années de la vie. Elles peuvent être faussées par l'imagination souvent déréglée de la jeunesse, qui obéit trop facilement à l'attrait du plaisir.

D. *Au cas où le père vient à manquer, à qui doit appartenir la direction de la famille?*

R. Au cas où le père de famille vient à manquer, c'est à la mère ou au tuteur que reviennent ses droits et prérogatives. Dans le cas où les enfants perdraient leur père et leur mère, c'est à l'aîné des enfants qu'il appartient de surveiller et de protéger ses frères et sœurs plus jeunes, de leur enseigner la règle du devoir et de l'honneur par les conseils et par l'exemple.

D. *L'État n'a-t-il pas le droit d'intervenir dans certains cas en faveur des enfants?*

R. Dans certains cas exceptionnels, lorsque par exemple des parents indignes maltraitent et martyrisent leurs enfants, lorsque la maladie les prive de l'usage de leurs facultés, l'autorité administrative peut intervenir et leur enlever la puissance paternelle.

LECTURE

Rôles respectifs du mari et de la femme en Amérique

Nous reproduisons ce passage de M. de Tocqueville, parce qu'il décrit des mœurs qui, si elles sont spéciales à l'Amérique, devraient être adoptées par toutes les démocraties:

Jamais les Américains n'ont imaginé que la conséquence des principes démocratiques fût de renverser la puissance maritale et d'introduire la confusion des autorités dans la famille. Ils ont pensé que toute association, pour être efficace, devait avoir un chef, et que le chef naturel de l'association était l'homme. Ils ne refusent donc point à celui-ci le droit de diriger sa compagne; et ils croient que, dans la petite société du mari et de la femme, ainsi que dans la grande société politique, l'objet de la démocratie est de régler et de légitimer les pouvoirs nécessaires, et non de détruire tout pouvoir.

Je n'ai pas remarqué que les Américaines considérassent l'autorité conjugale comme une usurpation heureuse de leurs droits, ni qu'elles crussent que ce fût s'abaisser que de s'y soumettre. Il m'a semblé voir, au contraire, qu'elles se faisaient une sorte de gloire du volontaire abandon de leur volonté et qu'elles mettaient leur grandeur à se plier d'elles-mêmes au joug, et non à s'y soustraire.

Les Américains font voir sans cesse une pleine confiance dans la raison de leur compagne, et un respect profond pour sa liberté... Ils ne croient pas que l'homme et la femme aient le devoir ni le droit de faire les mêmes choses, mais ils montrent une même estime pour le rôle de chacun d'eux, et ils les considèrent comme des êtres dont la valeur est égale, quoique la destinée diffère. Ils ne donnent point au courage de la femme la même forme ni le même emploi qu'à celui de l'homme, mais ils ne doutent jamais de son courage, et s'ils estiment que l'homme et sa compagne ne doivent pas toujours employer leur intelligence et leur raison de la même manière, ils jugent, du moins, que la raison de l'une est aussi assurée que celle de l'autre; et son intelligence aussi claire.

Les Américains, qui ont laissé subsister dans la société l'infériorité de la femme, l'ont donc élevée de tout leur pouvoir, dans le monde intellectuel et moral, au niveau de l'homme; et, en ceci, ils me paraissent avoir admirablement compris la véritable notion du progrès démocratique.

A. DE TOCQUEVILLE. (1)

10e LEÇON

La liberté du travail

D. *Qu'est-ce que la liberté du travail ?*

R. La liberté du travail est le droit pour chaque citoyen de choisir une profession, un métier qui convienne à ses

---

(1) De Tocqueville (1805-1859), homme d'État et publiciste français, auteur de la *France et l'ancien régime* et de la *Démocratie en Amérique*.

aptitudes physiques et intellectuelles. Le droit au travail est le plus sacré et le plus imprescriptible de tous, au même titre que le droit à la vie.

D. *Depuis quand le travail est-il libre en France ?*

R. La liberté du travail a été proclamée par un décret de l'Assemblée Nationale Constituante du 15 février 1791, qui abolissait les « jurandes et les maîtrises » (1) et par la Constitution promulguée le 14 septembre de la même année.

D. *Comment l'Assemblée Constituante a-t-elle défini la liberté du travail ?*

R. L'Assemblée Constituante a ainsi défini la liberté du travail :

« La liberté du travail est le droit qui appartient à tout citoyen de choisir lui-même sa profession, d'en exercer à son gré une ou plusieurs, de régler comme il l'entend le prix de ses produits et de ses services;

Et d'échanger les résultats de son travail à l'intérieur ou à l'extérieur, sans aucune entrave, au gré de ses intérêts. »

D. *Pourquoi la liberté du travail est-elle une condition de bien-être pour chaque citoyen ?*

R. Le citoyen libre qui choisit son genre de travail sent s'accroître en lui sa valeur personnelle. L'homme montrera toujours plus de force et d'énergie morale pour une œuvre librement acceptée que pour une tâche imposée par contrainte. Les résultats de son travail seront meilleurs et d'un plus grand profit pour lui.

D. *Si vous êtes libres de choisir et de perfectionner votre genre de travail, croyez-vous que vous puissiez souffrir de cette même liberté laissée à autrui ?*

R. La liberté, qui est un bien commun à tous, permet à chacun de faire mieux que les autres. Si un ouvrier arrive à perfectionner le produit de son travail, ses concurrents ont le droit de redoubler d'efforts pour rivaliser avec lui.

---

(1) Voir le coup d'œil historique sur la liberté du travail en France avant la Révolution, page 30.

C'est la LOI DU PROGRÈS qui consiste dans la concurrence des efforts de chacun vers un idéal toujours plus élevé.

D. *Cette loi du progrès est-elle universelle ?*

R. La loi du progrès s'applique à tous : à l'écolier qui doit, par une noble émulation, chercher à dépasser ses camarades, à l'ouvrier qui, pour assurer son bien-être et celui de sa famille, doit toujours mieux faire que ses concurrents, au savant qui doit sans cesse ajouter de nouvelles découvertes à celles de ses prédécesseurs pour être utile à l'humanité.

LECTURE

Coup d'œil historique sur l'organisation du travail avant la Révolution

Choisir le métier qui vous convient, en changer, si vous le jugez utile, exercer à votre gré votre intelligence et vos bras, il semble que ce soit là un droit naturel, évident, appartenant à tous, que toujours il en ait été ainsi. C'est une erreur. Avant la Révolution, le roi prétendait avoir le privilège du droit au travail. Il concédait ce droit à ses sujets moyennant une redevance plus ou moins forte. C'est ce que déclare formellement Henri III dans son édit de 1581.

Les travailleurs étaient divisés en corps d'états sous la surveillance et la direction des « jurandes et des maîtrises ». — Les « jurandes » étaient des corps de jurés chargés de veiller au maintien des statuts et règlements de la corporation. Les « maîtrises » étaient les fonctions de maîtres concédées après de longues épreuves, d'abord l'apprentissage, puis l'exécution d'un chef-d'œuvre et toujours de lourdes et multiples redevances payées soit à la corporation, soit au trésor.

Il fallait d'abord payer pour devenir ouvrier. L'apprentissage dont la durée et les conditions étaient fixées par les statuts était rarement gratuit et lorsqu'il l'était on le prolongeait assez pour que les services d'un ouvrier consommé devinssent une source d'importants bénéfices pour le maître. En outre, le nombre des apprentis était limité ; dans la plupart des métiers, chaque maître ne pouvait en avoir qu'un seul. L'ouvrier, une fois reçu, dépendait absolument des maîtres, car on n'était reçu que pour une profession et pour une ville ; on n'avait la ressource, ni de s'expatrier, ni de changer d'occupation dans les moments de chômage.

Pour devenir maître, il y avait de nombreuses conditions à remplir, mais surtout il fallait avoir de l'argent. Outre le droit à payer à la communauté et au trésor, il y avait quelquefois un droit à la ville, sans compter les redevances particulières à des corporations différentes.

Ainsi les selliers payaient une redevance au maître cordonnier du roi parce qu'ils employaient du cuir à la fabrication des selles.

Outre les taxes en argent et les frais d'apprentissage, le nouveau maître devait encore une *guilde* ou repas à la communauté : c'était une dépense considérable qui absorbait souvent le revenu de plus d'une année.

Il y avait en plus une sorte d'examen de capacité pour entrer dans la maîtrise, mais quel examen ! Un examen passé devant les gardes jurés du métier qui souvent se faisaient payer leur décision. Dans tous les cas on était jugé par ses rivaux, par ceux à qui on voulait faire concurrence. Il fallait faire un chef-d'œuvre, c'est-à-dire quelque pièce extraordinaire, inutile, fabriquée selon toutes les règles, et conséquemment avec le plus aveugle respect de la routine.

Ce qui frappe, surtout à cette époque, c'est la multiplicité des corps de métiers, qui tous avaient des attributions fixes. Aucune corporation ne pouvait empiéter sur le travail d'une autre sous peine de grosses amendes envers le fisc et envers la corporation rivale.

Il y avait par exemple six corporations chargées des objets de sellerie : les chapuisiers qui faisaient le fond de la selle, les bourreliers, qui faisaient les bourrelets ou troussequins, les peintres selliers, qui peignaient les ornements, les blasonniers, à qui revenait le soin de peindre le blason des gentilshommes, les lormiers pour le mors, les gourmettes et les étriers, et enfin les éperonniers. On distinguait pour la chaussure, les cavetiers, chargés des réparations, les cavetonniers qui faisaient les chaussures légères en basane, et les cordonniers, qui prenaient ce nom du cuir de Cordoue, avec lequel on faisait de grosses chaussures.

Un curieux procès fut celui que s'attirèrent les cavetiers pour avoir voulu s'arroger le droit de faire leurs propres souliers.

Les serruriers ne pouvaient mettre une vieille serrure à un meuble neuf, ni une pièce neuve à une vieille serrure. Les cuisiniers oyers (marchands d'oies) ne pouvaient s'approvisionner que dans un marché situé tout près du Louvre. Ils vendaient des saucisses, mais ne pouvaient vendre de boudins. Les huchers (fabricants de coffres) ne pouvaient employer l'aubier, ni mettre en couleur les armoires et vieux coffres avant de les avoir vendus. Les statuts des drapiers réglaient la dimension des métiers, la nature des laines, le nombre des fils et la largeur des lisières pour chaque espèce de drap, le mode de teinture, le mélange des couleurs, le poids de chaque pièce. Les taverniers n'obtinrent qu'assez tard, en 1680, de servir des viandes cuites aux consommateurs et, dans ce cas, ils furent astreints à les acheter toutes préparées chez un rôtisseur. Une ordonnance de 1670 voulait que toute marchandise fabriquée contre les règles fût clouée au poteau et que tout industriel récidiviste y fût attaché lui-même.

Peut-on s'étonner qu'avec toutes ces entraves l'industrie soit restée à peu près stationnaire jusqu'au jour, où la Révolution balaya tous ces abus.

Turgot, ministre de Louis XVI, fut le premier qui osa proclamer le principe de la liberté du travail.

Voici les termes de l'édit de 1776, abolissant les jurandes et maîtrises :

« Dieu, en donnant à l'homme des besoins, en lui rendant nécessaire la ressource du travail, a fait du droit de travailler la propriété de tout homme, et cette propriété est la première, la plus sacrée et la plus imprescriptible de toutes.

« Nous regardons comme un des premiers devoirs de notre justice et comme un des actes les plus dignes de notre bienfaisance, d'affranchir nos sujets de toutes les atteintes portées à ce droit inaliénable de l'humanité. Nous voulons, en conséquence, abroger ces institutions arbitraires qui ne permettent pas à l'indigent de vivre de son travail..., qui éteignent l'émulation et l'industrie et rendent inutiles les talents de ceux que les circonstances éloignent de l'entrée d'une communauté; qui privent l'Etat et les arts de toutes les lumières que les étrangers y apporteraient; qui retardent les progrès de ces arts..., qui, enfin, par la facilité qu'elles donnent aux membres des communautés de se liguer entre eux, de forcer les membres les plus pauvres à subir la loi des riches, deviennent un instrument de monopole et favorisant des manœuvres dont l'effet est de hausser au-dessus de leur proportion naturelle les denrées les plus nécessaires à la subsistance du peuple... »

Malheureusement, les privilèges attaqués se défendirent. Turgot fut chassé du ministère et ses édits furent rapportés peu de temps après. Ce fut seulement, comme nous l'avons dit plus haut, dans la séance du 7 février 1791 que les corporations furent définitivement abolies.

D'après Jules Simon.

11e LEÇON

La liberté du capital ou droit de propriété
L'épargne

D. *Qu'est-ce que la liberté du capital ?*

R. La liberté du capital est une conséquence de la liberté du travail. Si nous sommes libres de travailler, nous avons le droit d'épargner le produit de notre travail et de constituer ainsi un capital, une propriété personnelle.

D. *Comment la Constitution de l'an III a-t-elle défini le droit de notre propriété ?*

R. La Constitution de l'an III a ainsi défini le droit de propriété : « La propriété est le droit de jouir et de disposer de ses biens, de ses revenus, du fruit de son travail et de son industrie. »

D. *Sommes-nous absolument libres de disposer de notre propriété ?*

R. Sans doute, tout citoyen est libre de disposer à son gré de son gain de chaque jour et de ses économies ; mais à sa mort la loi lui défend d'en priver ses enfants, en d'autres termes, de les déshériter.

D. *Comment expliquez-vous le droit de propriété ?*

R. Je me considère comme une personne libre, intelligente, agissante. Je me sens maître de la pensée que je crée, du mouvement que je produis, de l'acte que j'exécute. J'ai conscience que si mon activité intelligente s'exerce sur un objet, cet objet devient mon œuvre, sinon dans la matière, car je n'ai pas le pouvoir de créer, mais dans la forme. J'ai par conséquent le droit de tirer profit du produit de mon travail, et quiconque voudra m'enlever ce profit commettra une injustice, une spoliation.

D. *Donnez un exemple ?*

R. Je prends un bloc de pierre, dont la valeur est nulle, dont la propriété ne m'est contestée par personne. De ce bloc de pierre je fais une œuvre d'art, un vase par exemple. Qui oserait prétendre que cet objet n'est pas mien ? Ne lui ai-je pas donné une part de ma personnalité. N'est-ce pas moi qui ai ajouté une valeur à cette pierre, primitivement informe ? Et si je veux vendre cet objet, qui donc viendra me contester le droit d'en percevoir le produit ?

D. *Qu'est-ce que la liberté de l'épargne ?*

R. Quand l'homme veut assurer son avenir ou celui de sa famille, il ne dépense pas tout le produit de son travail, il se prive de certains plaisirs, se refuse le superflu. Le gain qu'il conserve ainsi lui appartient de plein droit, puisqu'il est le résultat de ses privations. L'épargne n'est autre chose que le travail capitalisé.

D. *La propriété est-elle toujours inviolable ?*

R. Dans un but d'intérêt général, l'Etat peut porter atteinte à la propriété privée. Pour la construction d'une route, d'un chemin de fer, par exemple, un champ, une maison, peuvent être enlevés à leur propriétaire qui doit recevoir une juste indemnité. Dans ce cas, le propriétaire est dit « exproprié ».

D. *Quel est l'article de la Déclaration des Droits de l'homme relatif à la propriété ?*

R. L'article XVII de la Déclaration des Droits de l'homme est ainsi conçu :

« La propriété étant un droit inviolable et sacré, nul ne peut en être privé, si ce n'est lorsque la nécessité publique, légalement constatée, l'exige évidemment et sous la condition d'une juste et préalable indemnité. »

12e LEÇON

Rapports du capital et du travail. — Le droit de grève

D. *Quels doivent être les rapports du capital et du travail ?*

R. Le capital et le travail, loin d'être les ennemis l'un de l'autre, doivent au contraire s'aider et se soutenir.

D. *Pourriez-vous, par un exemple, démontrer que le capital peut produire une injustice sociale au détriment du travail ?*

R. Supposons deux hommes également habiles dans le même métier, également laborieux et intelligents. L'un d'eux possède un capital considérable, l'autre n'a pour tout bien que son intelligence et ses bras. Le premier pourra se procurer un outillage perfectionné, des machines, acheter en gros, c'est-à-dire à meilleur compte, ses matières premières, ouvrir des crédits à ses clients. Il lui sera possible d'arriver à un chiffre d'affaires important. Le second, au contraire, privé de capital, ne pourra soutenir la lutte et devra même entrer comme simple ouvrier chez un patron. Comme dans un pays démocratique, chacun doit avoir sa part de bien-être selon son mérite, et non pas selon sa fortune et son rang, le capital produira dans le cas que nous indiquons une inégalité sociale au détriment du travail.

D. *Les injustices sociales causées par le capital ne peuvent-elles pas être plus graves encore?*

R. Les injustices causées par le capital peuvent être plus graves encore lorsque ce capital appartient à des hommes sans valeur personnelle qui ne savent pas le faire fructifier par le travail ou le dépensent inconsidérément, lorsqu'il est aux mains de chefs d'industrie qui prélèvent sur le travail des ouvriers un bénéfice exagéré.

D. *Quels sont les remèdes qui peuvent être apportés aux inégalités sociales causées par la lutte du capital et du travail?*

R. Les ouvriers peuvent unir leurs économies et leurs efforts pour fonder un commerce ou une industrie. Mais, comme l'écueil de toute association est le manque d'union, ils devront toujours s'efforcer de faire régner entre eux l'esprit d'entente et de discipline. L'Etat, c'est-à-dire la communauté des citoyens, doit aussi intervenir en faveur des faibles et des opprimés, faire éclore les talents et encourager les entreprises utiles que le manque de ressources empêcherait de se développer.

D. *Dans quelles circonstances surtout la loi doit-elle intervenir?*

R. La loi doit surtout intervenir en faveur des femmes et des enfants, qui seraient astreints à un travail au-dessus de leurs forces. L'Etat doit même soutenir dans la mesure du possible les ouvriers qui, lésés dans leurs intérêts, ne pourraient, pour diverses causes, sous peine de renvoi, par exemple, faire admettre leurs revendications légitimes.

D. *La grève est-elle un droit?*

R. La grève est un droit absolu. Mais elle ne doit jamais avoir lieu qu'en cas de grave nécessité. Car, si les grèves nuisent aux patrons, elles portent aussi une cruelle atteinte aux intérêts des ouvriers, qu'elles privent de leurs salaires quotidiens. Elles ruinent également le commerce national au bénéfice du commerce étranger.

D. *Les grévistes ont-ils le droit d'empêcher leurs camarades de travailler?*

R. Les grévistes qui agissent ainsi commettent une grave atteinte à la liberté individuelle. Ils tombent sous le coup de la loi qui punit ceux qui entravent la liberté du travail.

LECTURE

Le gréviste

Un vieux forgeron, poussé par un sentiment de solidarité envers les camarades, a adhéré à une grève. Mais ses ressources s'épuisent, il voit sa femme et ses petits-enfants plongés dans la plus noire misère.

..........................Vers la fin
D'une après-midi froide et grise de novembre
Je vis ma femme assise en un coin de la chambre,
Avec les deux petits serrés contre son sein ;
Et je pensai : C'est moi qui suis leur assassin !
Quand la vieille me dit, douce et presque confuse :
« Mon pauvre homme, le Mont-de-piété refuse
Le dernier matelas, comme étant trop mauvais.
Où vas-tu maintenant trouver du pain ? — J'y vais, »
Répondis-je. Et, prenant à deux mains mon courage
Je résolus d'aller me remettre à l'ouvrage ;
Et, quoique me doutant qu'on m'y repousserait,
Je me rendis d'abord dans le vieux cabaret
Où se tenaient toujours les meneurs de la grève.
Lorsque j'entrai, je crus, sur ma foi, faire un rêve :
On buvait, là, tandis que d'autres avaient faim,
On buvait. — Oh ! ceux-là qui leur payaient ce vin
Et prolongeaient ainsi notre horrible martyre,
Qu'ils entendent encore un vieillard les maudire !
Dès que vers les buveurs je me fus avancé,
Et qu'ils virent mes yeux rouges, mon front baissé,
Ils comprirent un peu ce que je venais faire ;
Mais, malgré leur air sombre et leur accueil sévère,
Je leur parlai : « Je viens pour vous dire ceci :
C'est que j'ai soixante ans passés, ma femme aussi,
Que mes deux petits-fils sont restés à ma charge,
Et que dans la mansarde où nous vivons au large,
Tous les meubles étant vendus, on est sans pain.
Un lit à l'hôpital, mon corps au carabin,

C'est un sort pour un gueux comme moi, je suppose ;
Mais pour ma femme et mes petits, c'est autre chose.
Donc je veux retourner tout seul sur les chantiers.
Mais, avant tout, il faut que vous me le permettiez
Pour qu'on ne vienne pas sur moi faire d'histoires.
Voyez ! j'ai les cheveux tout blancs et les mains noires,
Et voilà quarante ans que je suis forgeron.
Laissez-moi retourner tout seul chez le patron.
J'ai voulu mendier, je n'ai pas pu. Mon âge
Est mon excuse. On fait un triste personnage
Lorsqu'on porte à son front le sillon qu'a gravé
L'effort continuel du marteau soulevé,
Et qu'on veut au passant tendre une main robuste.
Je vous prie à deux mains. Ce n'est pas trop injuste
Que ce soit le plus vieux qui cède le premier.
— Laissez-moi retourner tout seul à l'atelier.
Voilà tout. Maintenant dites si ça vous fâche. »
Un d'entre eux fit vers moi trois pas et me dit : « lâche! »
Alors j'eus froid au cœur et le sang m'aveugla.
Je regardai celui qui m'avait dit cela.
C'était un grand garçon, blême au reflet des lampes,
Un malin, un coureur de bals, qui sur les tempes,
Comme une fille, avait deux gros accroche-cœurs.
Il ricanait, fixant sur moi ses yeux moqueurs :
Et les autres gardaient un si profond silence
Que j'entendais mon cœur battre avec violence.
Tout à coup j'étreignis dans mes deux mains mon front
Et m'écriai : Ma femme et mes deux fils mourront,
Soit! et je n'irai pas travailler ; mais je jure
Que, toi, tu me rendras raison de cette injure,
Et que nous nous battrons, tout comme des bourgeois.
Mon heure ? sur le champ ! — Mon arme ? j'ai le choix ;
Eh, parbleu ! ce sera le lourd marteau d'enclume,
Plus léger pour nos bras que l'épée ou la plume ;
Et vous, les compagnons, vous serez les témoins.
Or ça, faites le cercle et cherchez dans les coins
Deux de ces bons frappeurs de fer couverts de rouille.
Et toi, vil insulteur de vieux, allons ! dépouille
Ta blouse et ta chemise, et crache dans ta main. »
Farouche et me frayant des coudes un chemin
Parmi les ouvriers, dans un coin des murailles,
Je choisis deux marteaux sur un tas de ferrailles,
Et les ayant jugés d'un coup d'œil, je jetai
Le meilleur à celui qui m'avait insulté.
Il ricanait encor ; mais à toute aventure,
Il prit l'arme, et gardant toujours cette posture
Défensive : « Allons, vieux, ne fais pas le méchant ! »
Mais je ne répondis au drôle qu'en marchant
Contre lui, le gênant de mon regard honnête
Et faisant tournoyer au-dessus de ma tête
Mon outil de travail, mon arme de combat.
Jamais le chien couché sous le fouet qui le bat,
Dans ses yeux effarés et qui demandent grâce,
N'eut une expression de prière aussi basse
Que celle que je vis alors dans le regard

De ce louche poltron, qui reculait, hagard,
Et qui vint s'acculer contre le mur du bouge.
Mais il était trop tard, hélas! Un voile rouge,
Une brume de sang descendit entre moi
Et cet être, pourtant terrassé par l'effroi,
Et d'un seul coup, d'un seul je lui brisai le crâne.
  Je sais que c'est un meurtre et que tout me condamne;
Et je ne voudrais pas vraiment qu'on chicanât
Ni qu'on prît pour un duel un simple assassinat.
Il était à mes pieds, mort, perdant sa cervelle.
Et comme un homme à qui tout à coup se révèle
Toute l'immensité du remords de Caïn,
Je restai là, cachant mes deux yeux sous ma main.
....
....
  Puis j'allais me livrer moi-même au commissaire...

François COPPÉE. (1)

13ᵉ LEÇON

La liberté du commerce

D. *Qu'est-ce que la liberté du commerce?*

R. La liberté du commerce résulte de la liberté du travail. Si nous avons le droit de travailler, nous sommes libres d'échanger à notre gré les produits de notre travail.(2)

D. *Quels sont les avantages du commerce?*

R. Le commerce est utile à celui qui l'exerce habilement et loyalement, à l'agriculteur en ouvrant un débouché à ses denrées, à l'industriel qu'il pourvoit de matières premières et dont il exporte les produits, au consommateur, c'est-à-dire à tout le monde en mettant à la portée de tous les objets nécessaires à la vie, au progrès des idées, puisque les idées circulent avec les marchandises et répandent la civilisation.

---

(1) François Coppée, poëte contemporain, né à Paris en 1842, a publié (Lemerre, éditeur) entre autres ouvrages, le *Passant*, le *Luthier de Crémonne*, *Severo Torelli*, œuvres dramatiques, les *Humbles*, les *Mois*, la *Grève des Forgerons*, le *Naufrage*, la *Bénédiction*, poëmes, des *Romans* et des *Contes*.

(2) Voir la définition de la liberté du travail par l'Assemblée Constituante, page 29.

D. *Le commerce n'est-il pas pourtant soumis à une réglementation?*

R. Si un commerçant livre des produits falsifiés ou nuisibles à la santé, il doit être déféré aux tribunaux et puni de peines sévères.

D. *Lorsqu'un industriel ou commerçant est l'auteur d'un produit, ne peut-il en tirer seul profit à l'exclusion des autres?*

R. Evidemment un inventeur a le droit absolu de tirer seul profit d'une idée dont il est l'auteur, d'une invention qui est sa propriété personnelle. L'Etat donne, aux inventeurs, des brevets, qui leur permettent de poursuivre les contrefacteurs.

D. *Dans quels cas le commerce peut-il être interdit?*

R. Lorsqu'un commerçant ne peut arriver à faire face à ses engagements, lorsqu'il lui est impossible ou qu'il refuse de payer les échéances qu'il a souscrites, le tribunal de commerce le déclare en faillite ou même en banqueroute frauduleuse, s'il y a des faits trop graves dans la gestion de ses affaires. Il lui est interdit, sauf dans le cas où il est réhabilité, de se livrer désormais à aucun genre de commerce. Les condamnés de droit commun sont également l'objet d'une pareille interdiction. Toute cette réglementation fait du reste l'objet d'un code particulier : le Code de Commerce.

D. *Cette réglementation peut-elle être considérée comme une entrave à la liberté du commerce?*

R. Evidemment non. Le Code de Commerce a, au contraire, pour but de garantir la liberté des commerçants sérieux et loyaux et de les protéger, ainsi que le public, contre les malhonnêtes gens.

LECTURE

Le commerçant malhonnête

Parfois un commerçant, tout en évitant d'être puni par la loi, use de procédés déloyaux pour ruiner ses concurrents. Tel est l'exemple suivant qui nous est rapporté par Herbert Spencer :

Il n'y a pas longtemps vivait, à New-York, un certain Stewart : il avait acquis une fortune colossale dans un commerce de gros et de détail installé sur une vaste échelle. Une de ses manœuvres favorites était de baisser brusquement les prix d'une certaine catégorie de marchandises : il faisait ainsi subir des pertes ruineuses à un grand nombre de petites maisons que souvent il faisait tomber et, s'il ne ruinait pas les grandes maisons, il entravait considérablement leur négoce. D'autres fois, il faisait semblant de se prendre d'amitié pour un fabricant, l'encourageait et lui faisait des avances : puis, tout d'un coup, quand ce dernier était fortement endetté, il exigeait le remboursement, sur l'heure, de sa créance, le faisait saisir et, à défaut de paiement, achetait à vil prix les marchandises saisies.

Ce genre de concurrence constitue un véritable assassinat commercial : les tourments qu'il inflige le rendent plus coupable qu'un meurtre ordinaire, car les souffrances des industriels ruinés et de leurs familles sont plus terribles que celles que plus d'un assassin fait endurer à ses victimes.

Herbert SPENCER. (1)

14ᵉ LEÇON

L'industrie. — Le libre échange et la protection

D. *Qu'est-ce que l'industrie?*

R. Le nom d'industrie s'applique aux diverses professions mécaniques ; elle comprend l'ensemble des opérations par lesquelles on approprie les matières premières aux divers besoins de la vie.

D. *Qu'est-ce que la concurrence?*

R. La concurrence résulte de la liberté du travail. La concurrence industrielle est la rivalité d'efforts faits par les producteurs pour mériter la préférences de consommateurs.

---

(1) Herbert Spencer, philosophe anglais, né en 1820, a publié entre autres ouvrages, les *Principes de la Psychologie*, la *Classification des sciences*, l'*Introduction à la science sociale*.

D. *Qu'est-ce que l'échange ?*

R. L'industriel ne consomme quelquefois rien de ce qu'il fabrique. Souvent il ne garde pour son usage qu'une très petite partie de ce qu'il produit. Il vend le reste pour acheter toutes les marchandises dont il a besoin et que d'autres produisent pour lui. De là une multitude de ventes et d'achats qui constituent l'échange.

D. *Qu'est-ce que le libre échange ?*

R. Le libre échange est la liberté de commerce d'une nation à l'autre, de telle sorte que les marchandises entrent et sortent librement ou moyennant de légers droits.

D. *Qu'est-ce que la protection ?*

R. La protection est un système économique qui consiste à frapper d'un droit élevé les produits étrangers, dont l'introduction pourrait nuire à l'industrie nationale.

D. *Dans quels cas la protection peut-elle être favorable à un pays ?*

R. La protection peut être établie pour les produits agricoles qui ne sont pas susceptibles d'un perfectionnement aussi grand que les objets fabriqués par l'industrie. On peut ainsi défendre les produits du sol national contre les produits similaires de l'étranger, mieux favorisés par la nature du sol et le climat.

D. *Quels sont les inconvénients de la protection pour l'industrie ?*

R. Le système protecteur a pour conséquence d'augmenter le prix des objets. Au lieu d'aider le travail national, la protection tend à le restreindre : en effet, plus il faut payer pour se procurer un objet, moins on dépense pour s'en procurer d'autres. De plus, en supprimant le stimulant de la concurrence étrangère, le système protecteur endort l'activité industrielle du pays, qui se croyant sûre du marché national, abandonne le marché étranger aux autres nations.

LECTURE

Libre échange et protection

Si l'importation des marchandises étrangères dans un pays était un mal, il faudrait admettre que l'Angleterre, en ouvrant ses ports aux produits étrangers, a dû travailler à sa propre ruine. Un fait constaté par l'expérience, c'est, qu'en général, l'importation des marchandises étrangères chez un peuple industrieux a une contre-partie naturelle, l'exportation d'une quantité correspondante de produits nationaux, si bien que c'est un échange qui profite au travail chez les deux parties contractantes...

La liberté des échanges n'a pas nui aux Etats qui l'ont pratiquée : ainsi, la Saxe, qui n'a jamais connu le système restrictif, a fait son éducation industrielle sans tarif de douanes, et s'est mise au premier rang des contrées manufacturières; la Suisse, sans ports, sans canaux, sans voies de communications importantes et pourtant sans tarifs, sans prohibitions, a développé prodigieusement son industrie.

L'aiguillon de la concurrence étrangère provoque le bon marché par le progrès auquel il oblige les chefs d'industrie et, sous l'influence de ce bon marché, la consommation s'accroît si bien que le marché national offre un débouché à une production nationale toujours croissante, en même temps qu'à une certaine masse de produits étrangers.

Une enquête commerciale ordonnée en France en 1833 aboutit au plus étrange résultat et fit voir tout ce qui se cache d'égoïsme dans la question de la prohibition et du libre échange ; chaque industrie ayant été appelée à faire valoir, à proposer ses moyens, les intéressés prouvèrent à l'envi qu'il fallait supprimer toutes prohibitions et toutes restrictions, excepté celles qui les favorisaient eux-mêmes ; ce ne furent que réclamations et griefs des maîtres de forge contre les propriétaires de forêts, des producteurs de machines, des agriculteurs, des armateurs contre les maîtres de forges, des fabricants de draps contre les producteurs de laine, des fabricants de tulle contre les producteurs de coton, etc. En un mot, les producteurs comptaient, pour s'enrichir, sur autre chose que leurs talents, leur persévérance, leur économie, ils bâtissaient leur fortune sur un autre terrain que celui du travail, et constituaient le gouvernement, non pas le protecteur des intérêts sociaux, mais le gardien de leurs privilèges.

BACHELET. [1]

[1] Bachelet, agrégé de l'Université, professeur à l'École des sciences et des lettres et au lycée Corneille, de Rouen.

15ᵉ LEÇON

De diverses autres professions. — L'agriculture. Les professions libérales. Les fonctions administratives. La colonisation.

D. *Qu'est-ce que l'agriculture ?*

R. La culture du sol est une des professions les plus honorables. C'est à tort que pendant des siècles ceux qui s'y adonnent ont été tenus dans un état d'infériorité par rapport aux autres classes de citoyens.

D. *Quels sont les avantages de l'agriculture ?*

R. L'agriculture est la source naturelle de la richesse d'un pays. Elle assure aux citoyens l'indépendance ; elle leur inspire l'amour de la paix, les intéresse à la défense du pays et à la stabilité du gouvernement.

D. *Quels sont les services que l'agriculture rend à l'industrie ?*

R. L'agriculture fournit à une foule d'industries les matières premières, le lin, le chanvre, la laine, les plantes oléagineuses, etc., etc.

D. *Qu'appelle-t-on professions libérales ?*

R. On appelle professions libérales celles qui ont pour objet les arts de l'intelligence.

D. *Donnez des exemples ?*

R. L'écrivain qui publie des ouvrages, l'artiste qui crée des œuvres d'art, le professeur qui instruit ses élèves, l'avocat, le médecin, qui mettent leurs connaissances au service de leurs clients, ont des professions dites libérales.

D. *Qu'appelle-t-on fonctions publiques ?*

R. Les fonctions publiques sont civiles ou militaires. Tantôt les fonctions civiles dérivent de l'élection, tantôt le droit de nomination appartient au chef de l'Etat, aux ministres ou aux chefs d'administration.

D. *Quel est l'inconvénient des fonctions administratives ?*

R. Les fonctions administratives sont honorables, mais elles deviennent trop recherchées en France. Elles attirent trop de jeunes-gens dont l'intelligence et l'activité trouveraient un emploi plus rémunérateur dans l'industrie ou le commerce.

D. *Ne peut-on pas trouver aux colonies des situations lucratives ?*

R. Les colonies présentent de nombreux avantages à ceux qui ne craignent pas de s'expatrier. La culture du sol produit aux colonies de meilleurs revenus qu'en France, le commerce y est plus actif et plus rémunérateur.

D. *Quelles sont les difficultés qu'on peut rencontrer aux colonies ?*

R. Le temps n'est plus où l'on pouvait partir à l'aventure pour faire fortune dans des pays lointains. Toutes les contrées accessibles du monde sont connues et exploitées. Les colons et les commerçants trouveront partout des concurrents et des rivaux. Il importe de connaître d'avance la nature du pays où l'on va, ses habitudes commerciales ou autres. Un capital est généralement nécessaire. Il est essentiel également d'avoir un métier, une profession déterminée et de s'assurer que les connaissances qu'on possède trouveront leur emploi.

16ᵉ LEÇON

LA LIBERTÉ POLITIQUE

D. *Qu'est-ce que la liberté politique ?*

R. La liberté politique est le droit pour tous les citoyens de s'occuper de questions intéressant la communauté, c'est-à-dire l'ensemble du pays et de participer aux affaires publiques.

D. *La liberté politique n'est-elle pas intimement liée à la liberté civile ?*

R. Sans aucun doute la liberté politique est étroitement liée à la liberté civile. Un citoyen qui est maître dans son foyer domestique, qui gère ses affaires à son gré ne peut se désintéresser des intérêts de la communauté, auxquels sont intimement liés ses intérêts personnels. Voilà pourquoi la liberté de conscience, la liberté de la presse, la liberté de réunion font également partie de la liberté politique.

D. *Quelle est la base du pouvoir dans un gouvernement libre?*

R. Dans tout gouvernement libre le pouvoir émane du peuple; chaque citoyen détient une part de l'autorité publique.

D. *Les citoyens ont-ils le droit de renoncer à cette part d'autorité et de s'en remettre pour leurs intérêts à un homme qui échappe à tout contrôle?*

R. Les citoyens ont toujours été gravement coupables lorsque par défiance d'eux-mêmes, lassitude ou amour du repos, ils ont abdiqué leurs droits et leurs devoirs civiques entre les mains d'un chef indépendant de toute autorité. Un homme, quel qu'il soit, peut toujours se tromper. Or, un Etat ne peut être à la merci de ses passions et de ses caprices. Les erreurs et les fautes des rois absolus ont souvent déchaîné sur les peuples les plus terribles malheurs.

D. *A quelle autorité le peuple doit-il obéir?*

R. La seule autorité à laquelle le peuple doive obéir est la loi, qui est l'expression de la volonté de tous et qui émane de lui.

D. *Quel est l'article de la Déclaration des Droits de l'homme relatif à la souveraineté du peuple?*

R. Cet article est le suivant :

Art. 3. — « Le principe de toute souveraineté réside essentiellement dans la nation. Nul corps, nul individu ne peut exercer d'autorité qui n'en émane expressément. »

17º LEÇON

La liberté du vote

D. *Est-il possible que chaque citoyen puisse veiller aux intérêts de tous, donner son avis sur toutes les lois à faire, toutes les mesures à prendre pour le bien de la communauté?*

R. Évidemment les citoyens ne peuvent s'occuper de questions si multiples. Beaucoup, d'ailleurs, en seraient incapables. Ce soin appartient à leurs mandataires, qui doivent être les interprètes fidèles de la volonté générale.

D. *Comment l'autorité politique des citoyens peut-elle s'exercer?*

R. L'autorité des citoyens s'exerce par le bulletin de vote. Par son bulletin de vote chaque français âgé de 21 ans et jouissant de ses droits civils et politiques (1) désigne ses représentants aux diverses assemblées qui dirigent les affaires du pays.

D. *Comment le vote doit-il s'exercer?*

R. Le vote doit s'exercer librement. Quiconque porte atteinte à la liberté du suffrage par des menaces, des violences ou des promesses trompeuses doit être poursuivi conformément aux lois.

D. *Quelles sont les conditions nécessaires pour que le vote soit éclairé?*

R. Il est essentiel que l'électeur puisse voter en toute connaissance de cause, qu'il étudie sans parti pris le

---

(1) On appelle *droits civils* ceux dont jouissent les personnes dans leurs rapports avec les autres personnes : le droit de propriété, de puissance paternelle, le droit d'acheter, de vendre, d'acquérir et de transmettre par succession sont des droits civils. Il faut avoir 21 ans pour avoir le droit de disposer de son bien, pour être tuteur, pour faire partie d'un conseil de famille.
On appelle *droits politiques* les avantages particuliers attachés à la qualité de citoyen : le droit d'être électeur et éligible, le droit d'être juré, témoin en justice et dans les actes notariés, enfin le droit de pouvoir remplir toutes les fonctions publiques, civiles et militaires. Il faut avoir 21 ans pour être électeur et témoin, 25 ans pour être nommé conseiller municipal, conseiller d'arrondissement, conseiller général, député, 80 ans pour être juré, 40 ans pour être sénateur.

mérite de chaque candidat et qu'il s'inspire des intérêts du pays plutôt que de ses intérêts personnels.

D. *La liberté des candidats ne doit-elle pas être respectée?*

R. Il faut que les candidats puissent émettre en toute liberté leurs idées dans les réunions, dans les journaux, dans les déclarations et programmes qu'ils affichent. La lacération des affiches est d'ailleurs punie par la loi.

D. *La liberté suppose-t-elle le droit d'injurier les candidats?*

R. L'injure et la calomnie sont des armes malheureusement trop souvent employées dans les luttes électorales. Elles peuvent être rangées dans la catégorie des violences capables de porter atteinte à la liberté du suffrage et de fausser une élection.

D. *Quels sont les citoyens que les électeurs doivent choisir pour les fonctions publiques?*

R. Tous les citoyens étant égaux devant la loi, (1) l'accès des fonctions publiques est donc permise à tous, aux plus pauvres comme aux plus riches. Ceux qui les méritent sont ceux qui, outre une intelligence éclairée, possèdent au plus haut point les vertus civiques, c'est-à-dire la probité, le désintéressement et le dévouement aux intérêts de la communauté.

LECTURE

Le suffrage universel

Le plus grand acte de la Révolution de 1848 fut d'établir le suffrage universel.

Et voyez comme ce qui est profondément juste est en même temps profondément politique; le suffrage universel, en donnant un bulletin à ceux qui souffrent, leur ôte le fusil. En leur donnant la puissance, il leur donne le calme.

Le suffrage universel dit à tous et je ne connais pas de plus admirable formule de la paix publique : Soyez tranquilles, vous êtes souverains.

(1) Article VI de la Déclaration des Droits de l'homme. Voir page 8.

— 48 —

Il ajoute : Vous souffrez ? eh bien, n'aggravez pas les détresses publiques par la révolte. Vous souffrez ? eh bien, vous allez travailler vous-mêmes, dès à présent, à la destruction de la misère par des hommes qui seront à vous, par des hommes en qui vous mettrez votre âme, et qui seront en quelque sorte votre main. Soyez tranquilles.

Puis, pour ceux qui seraient tentés d'être récalcitrants, il dit : « Avez-vous voté ? Oui. Vous avez épuisé votre droit, tout est dit. Quand le vote a parlé, la souveraineté a prononcé. Il n'appartient pas à quelques-uns de défaire, ni de refaire l'œuvre de tous. Vous êtes citoyens, vous êtes libres, votre œuvre reviendra, sachez l'attendre. En attendant, travaillez, écrivez, parlez, discutez, éclairez-vous, éclairez les autres. Vous avez à vous aujourd'hui la liberté, demain la souveraineté : vous êtes forts !... »

Il y a un jour dans l'année où le gagne-pain, le journalier, le manœuvre, l'homme qui traîne des fardeaux, l'homme qui casse des pierres au bord des routes, juge les représentants, le Sénat, les ministres, le Président de la République. Il y a un jour dans l'année où le plus modeste citoyen prend part à la vie immense du pays tout entier, où la plus étroite poitrine se dilate à l'air vaste des affaires publiques, un jour où le plus faible sent en lui la grandeur de la souveraineté nationale, où le plus humble sent en lui l'âme de la patrie !

Victor Hugo, (1)

18ᵉ LEÇON

Les divisions administratives de la France
La commune

D. *L'organisation administrative de la France, les règlements de police en particulier, sont-ils un obstacle à la liberté politique du pays ?*

R. Loin de nuire à la liberté, l'administration et l'organisation de la police en sont, au contraire, les garanties : l'article XII de la Déclaration des Droits de l'homme est ainsi conçu : « La garantie des droits de l'homme et du citoyen nécessite une force publique ; cette force est donc

---

(1) Victor Hugo (1802-1885), fils d'un général du premier Empire, fut membre de l'Assemblée Constituante (1848). Ses opinions d'abord peu libérales le devinrent de plus en plus à l'Assemblée législative. Il fut exilé après le coup d'État du 2 décembre. C'est le plus grand poëte de notre temps. Parmi ses œuvres citons ses poésies lyriques (*Odes et Ballades*, *Feuilles d'automne*, *Orientales*, etc.), son *Théâtre*, ses *Romans*, la *Légende des siècles*, les *Châtiments*, les *Quatre vents de l'esprit*, etc.

constituée pour l'avantage de tous, et non pour l'utilité particulière de ceux auxquels elle est confiée. »

L'organisation administrative du pays ne doit avoir d'autre but que de faire respecter la liberté et d'en assurer le développement.

D. *Quelles sont les divisions administratives de la France?*

R. La France est divisée en 86 départements, plus le territoire de Belfort, le département en arrondissements, l'arrondissement en cantons, le canton en communes.

D. *Qu'est-ce que la commune?*

R. La commune est la plus petite division administrative de notre pays. Elle se compose d'un certain nombre de familles réunies. Elle est administrée par un conseil municipal, choisi parmi les électeurs de la commune âgés d'au moins 25 ans, et nommé au scrutin de liste par le suffrage universel.

D. *Quel est le nombre des conseillers municipaux?*

R. Le nombre des conseillers municipaux diffère selon l'importance de la commune. A Paris et à Lyon les conseillers municipaux sont élus par arrondissements ou par quartiers.

D. *Pour combien de temps sont élus les conseillers municipaux?*

R. Les conseillers municipaux sont élus pour quatre ans.

D. *Qu'est-ce que le maire et les adjoints?*

R. Le maire est le premier magistrat de la commune. Les adjoints peuvent le remplacer dans ses diverses fonctions. Le maire et les adjoints sont choisis dans le conseil municipal et nommés par lui.

D. *Quelles sont les principales fonctions du conseil municipal?*

R. Le conseil municipal doit élaborer le budget de la commune, c'est-à-dire le tableau des dépenses et des recettes, qui est ensuite soumis à l'approbation du préfet, représentant du pouvoir central dans le département. Il doit aussi s'occuper de la voirie, des chemins, des bâtiments et des terrains communaux, de la police des rues et des champs.

D. *Quelles sont les fonctions du maire?*

R. Le maire, ou à son défaut un des adjoints, doit présider les séances du conseil municipal. Il est en même temps officier de l'état-civil. C'est lui qui tient les registres où l'on inscrit les naissances, les mariages et les décès.

D. *N'existe-t-il pas en France une ville où il y a plusieurs maires?*

R. La ville de Paris, à cause de son immense étendue, est l'objet d'une organisation spéciale. Elle est divisée en 20 arrondissements, ayant chacun un maire et des adjoints, chargés surtout des fonctions d'officier de l'état-civil. A vrai dire, à Paris, les fonctions de maire sont exercées en grande partie par le Préfet de la Seine et le préfet de police.

19ᵉ LEÇON

Le canton et l'arrondissement

D. *Qu'est-ce qu'un canton?*

R. Le canton est la réunion de plusieurs communes. Les grandes villes exceptionnellement sont divisées en plusieurs cantons.

D. *Quels sont les fonctionnaires du chef-lieu de canton?*

R. Au chef-lieu de canton résident un juge de paix et, si l'agglomération est importante, un commissaire de police, une brigade de gendarmerie, un ou plusieurs percepteurs, un receveur d'enregistrement, un ou plusieurs notaires, des huissiers.

D. *Quelles sont les fonctions électives du canton?*

R. Le canton est représenté par un conseiller général et un ou plusieurs conseillers d'arrondissement.

D. *Qu'est-ce qu'un arrondissement?*

R. L'arrondissement est la réunion de plusieurs cantons.

D. *Quel est l'administrateur de l'arrondissement ?*

R. L'administrateur de l'arrondissement est le sous-préfet, qui sert d'intermédiaire entre le préfet et les maires. Le sous-préfet, qui réside au chef-lieu d'arrondissement, est nommé par le ministre de l'intérieur. Il est assisté par un conseil d'arrondissement qui se réunit à dates fixes.

D. *Qu'y a-t-il encore dans chaque arrondissement?*

R. Chaque arrondissement compte un ou plusieurs députés; on y trouve un tribunal de première instance, une lieutenance de gendarmerie, un receveur particulier des finances, un conservateur des hypothèques, un ingénieur ou un agent-voyer d'arrondissement, etc.

20e LEÇON

Le Département Le Préfet. Le conseil général

D. *Quel est le premier fonctionnaire du département?*

R. Le premier fonctionnaire du département est le préfet qui est secondé, dans son administration, par un secrétaire-général, par un conseil de préfecture, nommés comme lui par le gouvernement et par un conseil général, dont les membres sont élus pour six années par le suffrage universel.

D. *Quelles sont les attributions du conseil général ?*

R. Le conseil général tient deux sessions par an pour voter le budget départemental. Il contrôle en outre l'administration du préfet. Dans l'intervalle de ses sessions, le conseil général est remplacé par une commission départementale dont les membres sont choisis parmi les conseillers généraux.

D. *Quelles sont les attributions du préfet?*

R. Le préfet est, avant tout, le représentan lu gouvernement de la République dans le département. Il surveille la gestion des affaires communales. Il préside le conseil de préfecture qui est un tribunal appelé à juger certaines affaires administratives.

D. *Quels sont, en plus du préfet, les principaux fonctionnaires du département?*

R. Au chef-lieu du département résident un inspecteur d'académie, un trésorier-payeur général, un directeur des contributions directes, un directeur des contributions indirectes, un directeur des postes et télégraphes, un ingénieur en chef des ponts et chaussées, un ou plusieurs ingénieurs ordinaires des ponts et chaussées, un agent voyer en chef, etc.

D. *Quelle est la représentation politique du département?*

R. Au point de vue politique, le département est représenté par des sénateurs et des députés.

LECTURE

Le préfet

Le préfet n'est pas seulement l'agent de l'Etat et du pouvoir central, le représentant de l'autorité publique et de l'intérêt général, il est le représentant du département. En cette qualité, il collabore en quelque sorte avec le conseil général, auquel il soumet des rapports et des propositions sur les affaires qu'il a étudiées. Lorsque le conseil général a pris une décision, le préfet l'examine d'abord au point de vue des intérêts du gouvernement, et si, de ce chef, la décision ne soulève pas d'objection, le préfet l'exécute et devient ainsi l'agent du département.

Le préfet, comme administrateur du département, accepte ou refuse les dons et legs faits au département; il représente le département dans tous les contrats et les procès où il est intéressé; il passe les contrats, signe les marchés et engage les procès, sous le contrôle de la commission départementale.

Une partie des pouvoirs autrefois attribués au préfet comme représentant du département, a été transférée à la commission départementale par la loi de 1871.

Le préfet, tuteur des communes

La tutelle administrative exercée par le préfet a été réduite par la loi de 1871. Le préfet a conservé le pouvoir d'approuver ou non les budgets annuels des communes, les projets de contrats d'achat, de contrats de vente qu'elles veulent passer, etc. Le préfet approuve encore les plans d'alignement des villes, le mode de jouissance en nature des biens communaux, etc.

La tutelle administrative que la loi confère au préfet a été souvent critiquée. Certaines personnes voudraient émanciper complètement les communes, mais il est pourtant légitime et nécessaire qu'un pouvoir supérieur contrôle et surveille les affaires municipales.

Gabriel COMPAYRÉ. (1)

21ᵉ LEÇON

La Constitution de la France

D. *Quel est le gouvernement de la France?*

R. Le gouvernement de la France, d'après la Constitution de 1875, est la République.

D. *Comment Gambetta (2) a-t-il défini la République?*

R. « La République est par excellence le régime de la dignité humaine, du respect de la volonté nationale ; c'est le régime qui peut seul supposer la liberté de tous, qui peut seul faire les affaires d'un peuple qui a besoin de communiquer avec lui-même, de diriger ses propres intérêts et de changer ses intendants quand ils ont mal agi.

D. *Quelle doit être la conduite des citoyens d'une République?*

R. Parce que la République est le meilleur des gouvernements, les citoyens doivent se montrer dignes d'elle, en n'abusant pas des libertés qu'elle leur accorde, en respectant les lois établies par les représentants de la

---

(1) Gabriel Compayré, ancien professeur de philosophie à la Faculté de Toulouse; recteur de l'Académie de Lyon, auteur d'une *Histoire de la pédagogie*, d'un *Cours de morale*, d'un *Cours de pédagogie historique et pratique* et d'un *Manuel d'instruction civique*.

(2) Gambetta, Léon (1838-1883), illustre orateur et homme d'Etat français, mis en lumière par le procès Baudin, fut un des plus ardents adversaires de l'Empire, devint, après le 4 septembre 1870, membre du gouvernement de la Défense nationale, et bientôt après son chef, lorsqu'il eut quitté en ballon Paris assiégé ; a organisé la défense, levé des armées et retardé un moment la défaite. Par sa brillante éloquence il a gagné en grande partie le pays aux institutions républicaines. Gambetta est mort à l'âge de 45 ans après avoir été président de la Chambre et président du conseil des ministres.

nation, en se montrant soucieux des intérêts généraux de la communauté.

D. *Quelle est la devise du gouvernement de la République ?*

R. La devise du gouvernement de la République est : liberté, égalité, fraternité.

D. *Expliquez ces trois mots: Liberté, égalité, fraternité.*

R. La « liberté », comme nous l'avons vu dans les leçons précédentes, est le droit que nous avons de penser et d'agir à notre gré, pourvu que nous obéissions au devoir et à la loi. Le mot « égalité » signifie que tous les citoyens ont les mêmes droits au point de vue civil et politique. Quant à la « fraternité », elle est la condition essentielle de la prospérité d'un peuple. Il est nécessaire que les citoyens ne restent pas isolés les uns des autres. Ils doivent être unis aussi bien par une sympathie réciproque que par la communauté de leurs intérêts. Il faut donc proscrire d'un État les divisions funestes, les haines aveugles qui aboutissent trop souvent aux plus désastreuses discordes civiles.

D. *Quel doit être le rôle d'un gouvernement vraiment républicain ?*

R. Le rôle d'un gouvernement vraiment républicain doit être d'organiser la nation entière sur la base d'une parfaite égalité de droits, d'assurer la liberté, la sécurité de chacun, d'éclairer les citoyens par l'instruction, de diriger en un mot toutes les forces sociales vers le plus grand bien-être de tous.

LECTURES

La République

Un homme ne peut incarner la République, non ! il peut la représenter comme fonctionnaire, il doit la défendre comme citoyen ; mais ce n'est que par les efforts de tous les bons citoyens que ce gouvernement peut vivre et prospérer. Et c'est précisément dans ce caractère collectif, unanime, général, du gouvernement républicain que se trouve son excellence et sa supériorité.

Les autres gouvernements, en effet, ne peuvent vivre que par la domination d'un maître, trompeur ou despote, qui s'impose par la force, ou par une sorte de privilège constitué dans une famille et qui le transmet à ses héritiers avec autant de sans-façon.

C'est là ce qui fait que le régime républicain offre des garanties sérieuses même contre l'incapacité, contre les hasards de la naissance, contre les infirmités, contre les passions, contre les vices d'un seul homme. Aussi faut-il bien se garder, parmi nous, de jamais faire du régime républicain l'apanage d'un seul homme ; il faut en faire au contraire un régime qui change de mains, qui est mobile et qui va, par l'élection, par le choix, tous les jours plus assuré, plus juste et plus moral, au plus digne. Quand celui-ci a fait son temps, on le remplace, la nation étant appelée à se donner ainsi pour premier magistrat — et non pas pour maître — le plus intelligent, le plus expérimenté, le plus digne.

GAMBETTA.

Vive la République !

En 1877, Gambetta descendait le Rhône pour se rendre à Romans, où il devait prononcer un grand discours politique. Le bateau sur lequel il était embarqué s'arrêta à Tain, en face de Tournon. Les populations des deux rives se pressaient sur son passage pour l'acclamer. Tout jeune alors, et non des moins enthousiastes, je me trouvai à peu de distance du grand tribun et je m'écriai : « Vive Gambetta ! » — Gambetta se tourna vers moi et me dit : « Mon ami, en République, on ne doit jamais crier vive un homme. Il faut crier comme moi : Vive la République ! »

L. J.

22e LEÇON

De la division des pouvoirs

D. *Combien y a-t-il de sortes de pouvoirs dans le gouvernement ?*

R. Il y a trois pouvoirs distincts dans le gouvernement : le pouvoir législatif, le pouvoir exécutif, le pouvoir judiciaire.

D. *Qu'est-ce que le pouvoir législatif ?*

R. Le pouvoir législatif est celui qui fait les lois. Il est représenté par la Chambre des députés et le Sénat.

D. *Qu'est-ce que le pouvoir exécutif?*

R. Le pouvoir exécutif est représenté par le Président de la République et les ministres. Il fait exécuter les lois votées par les Chambres.

D. *Qu'est-ce que le pouvoir judiciaire ?*

R. Le pouvoir judiciaire est celui qui rend la justice d'après les lois du pays (justices de paix, tribunaux de première instance, cours d'appel, etc.). Ce pouvoir est exercé par les juges des tribunaux, placés sous l'autorité du ministre de la justice.

D. *Est-il nécessaire que ces trois pouvoirs soient séparés ?*

R. Il est nécessaire que ces trois pouvoirs soient séparés. Montesquieu, dans son livre de l'*Esprit des lois*, a prouvé qu'ils ne doivent pas rester réunis dans les mêmes mains, ce qui produirait fatalement le despotisme. — L'article 16 de la Déclaration des Droits de l'homme est ainsi conçu : « Toute société dans laquelle la garantie des droits n'est pas assurée, ni la séparation des pouvoirs déterminée n'a pas de Constitution. »

D. *Quoique séparés, les trois pouvoirs ne doivent-ils pas avoir un but commun ?*

R. Quoique séparés, les trois pouvoirs doivent être constamment d'accord et rester en complète harmonie. Leur but commun doit être la prospérité générale de l'Etat, le bien de la France.

LECTURE

La pondération des pouvoirs

S'il est nécessaire, pour garantir la liberté, que les pouvoirs soient séparés, il ne l'est pas moins, pour assurer la bonne direction des affaires publiques, qu'il y ait, entre eux, une sorte d'accord, d'équilibre, de pondération. Les constitutions libres, tout en maintenant l'indépendance mutuelle des trois pouvoirs, tout en assignant à chacun des attributions spéciales, règlent aussi les conditions de leur accord, et les subordonnent dans une certaine mesure les uns aux autres. Que deviendrait un Etat où chaque pouvoir agirait pour ainsi dire à sa tête sans tenir compte des deux autres? Ce serait, à bref délai, le désordre et l'anarchie(1).

La pondération des pouvoirs suppose précisément un ensemble de dispositions qui prévoient et préviennent les conflits possibles, et qui assurent le concours, l'harmonie des divers agents de l'autorité.

G. Compayré.

23e LEÇON

La Chambre des députés. Le Sénat. Le Conseil d'Etat

D. *Qu'est-ce que la Chambre des députés?*

R. La Chambre des députés est une assemblée législative nommée par le suffrage universel à raison d'un député par 100,000 ou fraction de 100,000 habitants. Elle siège à Paris, au Palais-Bourbon.

D. *Quelle est la durée du mandat des députés?*

R. Les députés sont élus pour quatre ans; ils sont rééligibles.

D. *Qu'est-ce que le Sénat?*

R. Le Sénat est une assemblée élue au suffrage restreint, c'est-à-dire par les délégués des conseils municipaux, les conseillers généraux, les conseillers d'arrondissement, les sénateurs et les députés. Le Sénat siège à Paris, au Palais du Luxembourg.

D. *Quelle est la durée du mandat des sénateurs?*

R. Les sénateurs sont élus pour neuf ans; ils sont rééligibles.

D. *Quelles sont les attributions de la Chambre des députés et du Sénat?*

R. Les projets de lois, qui peuvent être proposés, même par de simples citoyens, sont d'abord étudiés en commission, discutés en séance publique, votés d'abord par la Chambre des députés, puis par le Sénat, enfin promulgués par le Président de la République.

(1) Anarchie signifie absence de gouvernement.

D. *Quelles peuvent être les attributions particulières du Sénat?*

R. Le Sénat peut autoriser le Président de la République à dissoudre la Chambre des députés. Il a le pouvoir de se constituer en Haute-Cour pour juger soit le chef de l'Etat, soit ses ministres, ainsi que tout homme qui aurait conspiré contre la sûreté de l'Etat et tenté de renverser la Constitution.

D. *Pourquoi y a-t-il généralement deux Chambres dans les gouvernements constitutionnels?*

R. Les lois peuvent être votées par une seule Chambre avec trop de précipitation, dans un moment de fièvre et d'égarement. Une nouvelle discussion de ces lois devant une autre assemblée, dont les membres sont plus âgés, plus expérimentés et plus calmes, peut mieux en montrer les avantages et les défauts.

D. *Qu'est-ce que le Conseil d'Etat?*

R. Le Conseil d'Etat est une assemblée qui peut être appelée à statuer sur certains projets de loi. C'est aussi un tribunal qui règle les affaires contentieuses relevant de l'administration.

D. *Quels sont les membres du Conseil d'Etat?*

R. Le Conseil d'Etat comprend quatre catégories de membres : 1° les conseillers d'Etat en service ordinaire nommés par décrets rendus en conseil des ministres ; 2° les conseillers d'Etat en service extraordinaire nommés par décrets du Président de la République ; 3° les maîtres de requêtes nommés par décrets ; 4° les auditeurs nommés au concours, après des épreuves écrites et orales portant sur le droit administratif et l'économie politique.

24e LEÇON

Le Président de la République. Les Ministres

D. *Comment est nommé le Président de la République? Quelle est la durée de son mandat?*

R. Le Président de la République est élu pour sept ans

par le Congrès, c'est-à-dire le Sénat et la Chambre des députés réunis.

D. *Quelles sont les fonctions du Président de la République?*

R. Le Président de la République préside le Conseil des ministres. C'est lui qui, lorsqu'un ministère est renversé, choisit les nouveaux membres du Cabinet, en s'inspirant des votes et des intentions de la majorité de la Chambre et du Sénat. C'est lui également qui promulgue les lois votées par le Parlement.

Le Président de la République, sans avoir une autorité bien étendue, peut cependant rendre d'éminents services à son pays, en le représentant dignement dans les grandes cérémonies officielles et par ses relations avec les ambassadeurs, les ministres et les souverains des puissances étrangères.

D. *Quel droit particulier possède encore le Président de la République?*

R. Le Président de la République possède encore le droit de grâce ou de commutation de peine en faveur des condamnés.

D. *Quelles sont les fonctions des ministres ?*

R. Les ministres sont à la tête de l'administration centrale du pays et veillent à l'exécution des lois.

D. *Combien y a-t-il de ministres ?*

R. Il y a actuellement onze ministres qui sont : le ministre de l'*Intérieur* et des *Cultes*, le ministre de la *Guerre*, le ministre de la *Marine*, le ministre des *Finances*, le ministre de l'*Instruction publique* et des *Beaux-arts*, le ministre de la *Justice*, le ministre des *Colonies*, le ministre des *Affaires étrangères* et *Pays de Protectorat*, le ministre du *Commerce*, de l'*Industrie* et des *Postes et Télégraphes*, le ministre des *Travaux publics* et le ministre de l'*Agriculture*.

D. *Quelle est la durée des fonctions des ministres?*

R. La durée des fonctions des ministres n'est pas déterminée. Nommés par le Président de la République, ils doivent généralement cesser leurs fonctions devant un vote de défiance du Parlement. Toutefois, même devant un vote de défiance, ils peuvent être maintenus au pouvoir par le Président de la République, qui a le droit de demander au Sénat la dissolution de la Chambre des députés.

En cas de faute grave, les ministres peuvent être mis en accusation et doivent comparaître devant le Sénat érigé en Haute-Cour de justice.

D. *Qu'est-ce que les fonctionnaires ?*

R. Chaque ministre a sous ses ordres un certain nombre de fonctionnaires répartis dans les départements, et qui exécutent directement les lois ainsi que les arrêtés et règlements administratifs.

DEUXIÈME PARTIE

LES LIMITES DE LA LIBERTÉ

LES DEVOIRS

Comme nous l'avons dit au commencement de ce manuel, notre liberté n'est pas absolue; elle est limitée par nos devoirs. Nous avons toutefois insisté sur cette idée de liberté, considérée sous ses diverses formes, parce qu'elle est la source de notre énergie morale, le principe de l'effort personnel, qui nous permet d'acquérir un rang dans la société et de vaincre les difficultés de la vie.

Le citoyen doit, dès l'enfance, comprendre toute l'étendue de ses droits, savoir quelles sont les limites de son activité. La vie n'est pas un sentier étroit que les hommes se croient souvent forcés de suivre ; elle se présente à nous avec des horizons étendus. Le champ est vaste, où nous pouvons exercer notre action physique et morale. L'enfant, en s'éclairant des conseils de ses parents et de ses maîtres, doit se faire une idée de la route qu'il suivra plus tard. Il ne restera pas toujours dans les ornières déjà tracées et encombrées par de jeunes et brillantes intelligences, qui s'épuisent en efforts trop souvent stériles.

Mais tout en contemplant ces immenses domaines de la liberté, l'enfant n'oubliera pas qu'il est astreint à des obligations rigoureuses envers lui-même et envers ses semblables. Sa liberté, son droit, s'arrêtent à la limite que lui marque la loi morale. Le libre arbitre et le devoir ne sont pas pour cela en opposition l'un avec l'autre. Nous ne sommes libres en somme que pour accomplir le devoir. La liberté qui s'égare en dehors de la voie tracée par la raison devient de la licence. Si elle était comprise ainsi, si nous la mettions au service du plaisir, de la fantaisie et de la passion, au lieu d'être le principe de notre dignité, elle deviendrait la cause de tous les vices, c'est-à-dire de notre dégradation intellectuelle et morale.

25ᵒ LEÇON

Le devoir considéré en lui-même. — Les sanctions de la loi morale

D. *Qu'est-ce que le devoir?*

R. Le devoir est la nécessité que nous sentons en nous d'obéir à la loi morale et d'accomplir le bien.

D. *Qu'est-ce que la loi morale?*

R. La loi morale n'est pas comme les lois civiles le résultat des conventions humaines. Elle dérive de notre conscience et de notre raison, qui nous indiquent la distinction du bien et du mal.

D. *Le devoir suppose-t-il la liberté?*

R. Évidemment le devoir suppose la liberté. Il faut que nous soyons libres de faire le bien ou de ne pas le faire pour que nous ayons le mérite de nos bonnes actions.

D. *Devons-nous faire effort pour accomplir le devoir?*

R. Sans doute l'accomplissement du devoir est quelquefois pénible. Pour lui il faut sacrifier souvent nos plaisirs, nos intérêts même. Il faut obéir malgré tout à la voix de notre conscience et faire notre devoir « advienne que pourra ».

D. *Quelles sont les sanctions de la loi morale?*

R. 1ᵒ *La sanction intérieure*. Après avoir accompli une bonne action, nous éprouvons une satisfaction intérieure, et lorsque nous en avons accompli une mauvaise, nous nous sentons rabaissés vis-à-vis de nous-mêmes, nous ressentons ce qu'on appelle « le remords ».

2ᵒ *La sanction de l'opinion publique*. L'accomplissement du devoir a pour conséquence, le plus souvent, l'estime et la considération de nos semblables. L'homme, au contraire, qui n'obéit pas à la loi morale, est flétri et méprisé par l'opinion publique.

3ᵒ *La sanction naturelle*, c'est-à-dire les conséquences qui dérivent directement de nos actes. Trop souvent les excès et les désordres d'une vie déréglée amènent la souffrance, la maladie, une mort prématurée. Au contraire, la santé du corps, la longévité sont le plus souvent le résultat d'une vie honnête et régulière.

D. *Devons-nous chercher un intérêt dans l'accomplissement du devoir ?*

R. Nous devons accomplir le devoir pour lui-même, sans avoir en vue les avantages que nous pouvons en retirer.

LECTURE

La conscience morale

Au point de vue pratique, la règle « Obéis à ta conscience » ne signifie nullement qu'il faille agir à l'aveugle et sans raison ; et il est obligatoire pour chacun de faire tous ses efforts pour connaître et choisir son véritable devoir, et le distinguer du devoir apparent. Mais si loin et si profondément que soit porté cet examen, il faut qu'il finisse, car la nécessité de l'action est là : or, à ce dernier moment, l'examen étant épuisé, la réflexion ayant tout dit, quelle peut être, je le demande, la règle d'action? « Fais ce que dois » dira-t-on. Soit, mais que dois-je ? Voilà le problème. Que l'on y réfléchisse ; on verra qu'il n'y a plus d'autre règle que celle-ci : « Fais ce que tu crois devoir faire. » Ce qui revient à dire : « Obéis à la voix de ta conscience. »

P. Janet. (1)

Le remords

Partout nous rendons hommage, par nos troubles et nos remords secrets, à la sainteté de la loi (2) que nous violons ; partout un fonds d'ennui et de tristesse inséparable du crime (3), nous fait sentir que l'ordre et l'innocence sont le seul bonheur qui nous était destiné sur la terre.

Nous avons beau faire montre d'une vaine intrépidité, la conscience criminelle se trahit toujours elle-même. Des terreurs cruelles marchent partout devant nous. La solitude nous trouble, les ténèbres nous alarment ; nous croyons voir sortir de tous côtés

---

(1) Paul Janet, né en 1823, professeur de philosophie à la Sorbonne, membre de l'Institut, a publié de nombreux ouvrages de philosophie et de morale : *Histoire de la philosophie*, *Histoire de la science politique*, la *Famille*, *Cours de morale*, etc.

(2) La loi morale.

(3) Le mot crime s'applique ici à toute violation de la loi morale, ne serait-elle pas punie par la loi.

des fantômes qui viennent toujours nous reprocher les horreurs secrètes de notre âme ; des songes funestes nous remplissent d'images noires et sombres, et le crime, après lequel nous courons avec tant de goût, court ensuite après nous comme un vautour cruel, et s'attache à nous pour nous déchirer le cœur et nous punir du plaisir qu'il nous a lui-même donné.

MASSILLON. (1)

Le sentiment de la justice. — Les deux frères et le champ

Aux premiers temps du monde, où tout était commun,
Deux frères comme vous, (2) avaient deux champs en un.
Comme l'un prenait moins et l'autre davantage,
Ils vinrent un matin borner leur héritage.
Un seul arbre, planté vers le sommet du champ,
Dominait les sillons du côté du couchant.
Un frère à l'autre dit : « L'extrémité de l'ombre
De nos sillons égaux coupe juste le nombre :
Que l'ombre nous partage! » Ainsi fut convenu.
Or l'ombre s'allongea quand le soir fut venu,
Et, jusqu'au bout du champ, en rampant descendue,
Fit un seul possesseur de toute l'étendue.
Vite il alla chercher les témoins de la loi,
Et leur dit : « Regardez, toute l'ombre est à moi ! »
Et les juges humains en hommes le jugèrent,
Et le champ tout entier au seul frère adjugèrent ;
Et l'autre, par le ciel dépouillé de son bien,
Accusa le soleil et s'en fut avec rien.
L'hiver vint : l'ouragan, que la saison déchaîne,
S'engouffrant une nuit dans les branches du chêne,
Et le combattant seul, sans frère et sans appui,
Le balaya de terre et son ombre avec lui.
Le frère dépouillé, voyant l'autre sans titre,
Descendant à son tour, alla chercher l'arbitre,
Et dit : « Voyez, plus d'ombre ! ainsi tout est à moi ! »
Et le juge, prenant la lettre (3) de la loi,
Jugea comme le vent, et le soleil, et l'ombre ;
Et des sillons du champ sans égaler le nombre,
Lui donna l'héritage avec tout son contour ;
Et tous deux eurent trop ou trop peu tour à tour ;

---

(1) Massillon (1663-1742)... ateur français. Son recueil de sermons le plus connu est le *Petit C...* ... a prêché la morale plutôt que le dogme.
(2) Jocelyn raconte cette pa... ole à deux frères qui se disputent la propriété d'un champ.
(3) Les termes mêmes de la loi plutôt que le sens, qu'on appelle aussi l'esprit de la loi.

Et, descendant du champ où la borne ainsi glisse,
Ils disaient dans leur cœur : « Où donc est la justice ? »
Or un sage, passant par là, les entendit,
Ecouta leurs raisons en souriant, et dit :
« La justice est en vous : que cherchez-vous ailleurs ?
La borne de vos champs, plantez-là dans vos cœurs.
Rien ne déplacera la sienne, ni la vôtre ;
Chacun de vous aura sa part dans l'œil de l'autre. »
Les deux frères, du sage écoutant le conseil,
Ne divisèrent plus par l'ombre ou le soleil ;
Mais, dans leur équité, plaçant leur confiance,
Partagèrent leur champ avec leur conscience,
Et devant l'invisible et fidèle témoin,
Nul ne fit son sillon ni trop près, ni trop loin.

LAMARTINE, (1) *Jocelyn.*

26ᵉ LEÇON

DIVISION DES DEVOIRS

D. *Comment divise-t-on les devoirs ?*

R. On divise les devoirs en trois catégories : LES DEVOIRS ENVERS NOUS-MÊMES, LES DEVOIRS ENVERS NOS SEMBLABLES, LES DEVOIRS ENVERS DIEU.

D. *Comment divise-t-on les devoirs envers nous-mêmes ?*

R. Dans les devoirs envers nous-mêmes on distingue les *devoirs envers le corps*, les *devoirs envers l'âme* et les *devoirs communs à l'âme et au corps.*

Devoirs envers notre corps

D. *Quel est notre premier devoir envers notre corps ?*

R. Nous devons avant tout maintenir notre corps en bonne santé et éviter tout ce qui pourrait compromettre notre existence.

(1) Lamartine (1790-1869). Un des plus grands poètes du XIXᵉ siècle, membre du gouvernement provisoire de 1848, il prononça un discours resté célèbre sur le maintien du drapeau tricolore. Les principales œuvres sont : les *Méditations poétiques,* les *Harmonies poétiques et religieuses, Jocelyn, Histoire des Girondins,* etc.

D. *Est-il permis d'exposer notre vie sans raison sérieuse?*

R. S'il est beau d'affronter un danger pour une noble cause, il est insensé de s'exposer sans motif sérieux, pour tenir un pari par exemple. On a vu beaucoup d'enfants, qui recherchaient le danger par inconscience ou par fanfaronnade, payer de leur vie leur imprudence.

D. *A-t-on le droit de se donner volontairement la mort?*

R. La mort volontaire ou le suicide est contraire à la loi du devoir. S'il faut un certain courage pour se suicider, il en faut un plus grand pour lutter contre les épreuves et les difficultés de la vie.

D. *A-t-on le droit de se suicider quand on a commis une faute ou pour échapper au déshonneur?*

R. Dans ce cas-là encore le suicide est condamnable. Si on a commis une faute, il faut l'expier et la racheter. Tout homme qui a du courage et de l'énergie peut toujours se relever dans l'estime publique. Il peut, en d'autres termes, se réhabiliter.

D. *Que pensez-vous du suicide au point de vue social?*

R. Si le suicide est condamnable pour l'individu seul, dégagé de tout lien social, à plus forte raison le père et la mère de famille, le chef d'industrie et en général tous ceux de qui dépendent l'existence d'autres êtres, ont le devoir de vivre pour remplir leurs obligations envers ceux dont ils ont la charge.

Le suicide

Il t'est donc permis, selon toi, de cesser de vivre? La preuve en est singulière, c'est que tu as envie de mourir. Voilà, certes, un argument fort commode pour les scélérats... Dès que la violence de la passion l'emportera sur l'horreur du crime, dans le désir de mal faire, ils en trouveront aussi le droit.

Il t'est donc permis de cesser de vivre? Je voudrais bien savoir si tu as commencé. Quoi! fus-tu placé sur la terre pour n'y rien faire? Le ciel ne t'imposa-t-il point, avec la vie, une tâche pour la remplir? Si tu as fait ta journée avant le soir, repose-toi le reste du jour, tu le peux; mais voyons ton ouvrage. Quelle réponse tiens-tu prête au juge suprême qui te demandera compte de ton temps?... Malheureux! trouve-moi ce juste qui se vante d'avoir assez vécu, que j'apprenne de lui comment il faut avoir porté la vie pour être en droit de la quitter..................

Tu t'ennuies de vivre et tu dis : La vie est un mal. Tôt ou tard, tu seras consolé et tu diras : La vie est un bien. Tu diras vrai sans mieux raisonner, car rien n'aura changé que toi. Change donc dès aujourd'hui ; et puisque c'est dans la mauvaise disposition de ton âme qu'est tout le mal, corrige tes affections déréglées et ne brûle pas ta maison pour n'avoir pas la peine de la ranger.

J.-J. ROUSSEAU.

27e LEÇON

La propreté. L'hygiène. La gymnastique

D. *Quels soins extérieurs devons-nous à notre corps ?*

R. Nous devons tenir notre corps dans un état continuel de propreté. La malpropreté, outre qu'elle est nuisible à la santé, inspire de l'antipathie et de la répulsion.

D. *Quels soins devons-nous avoir pour nos vêtements ?*

R. Nos vêtements doivent toujours être tenus avec propreté et décence. Il n'est pas donné à tout le monde d'avoir une mise élégante et coûteuse, mais tout le monde peut avoir des vêtements propres et bien tenus.

D. *Que prouve généralement une mise négligée ?*

R. Une mise négligée, des vêtements en désordre prouvent généralement un fâcheux état d'esprit et une conduite déréglée. — Se battre entre camarades et se rouler à terre est considéré comme l'indice d'une mauvaise éducation.

D. *Quelle est la meilleure méthode pour maintenir notre corps en bonne santé ?*

R. La meilleure condition de la santé est l'hygiène, qui consiste à éviter les excès de toute nature. L'abus de l'alcool, en particulier, ruine l'organisme, et cause de nombreuses maladies. (1) Nous devons également donner à notre corps une alimentation qui lui soit appropriée et le soumettre à divers exercices physiques.

---

(1) Voir la question de l'*alcoolisme* et de ses funestes effets dans les devoirs relatifs à l'âme et au corps, 41e leçon.

D. Quels sont les avantages des exercices physiques, de la gymnastique ?

R. La gymnastique et, depuis quelque temps, les sports (1), ont pris avec raison une part importante dans nos programmes d'éducation. Il est nécessaire de développer nos muscles et d'assouplir nos membres. La force physique est d'une grande utilité, même dans les professions dites libérales. La faiblesse et la mauvaise santé du corps nuisent souvent au travail intellectuel. Il faut donc reconnaître la vérité de la maxime ancienne : « Une âme saine dans un corps sain. »

D. Est-ce que les jeux de l'enfance sont utiles à la santé ?

R. Les jeux sont évidemment utiles à la santé pendant l'enfance et la jeunesse. Les enfants et les jeunes gens doivent jouer, courir, se donner du mouvement pendant leurs récréations. Ce sont là des exercices salutaires qui activent la circulation du sang et fortifient l'organisme. Il est nécessaire toutefois que les enfants se gardent de tout excès de mouvement qui pourrait produire chez eux des refroidissements et d'autres maladies.

28ᵉ LEÇON

DEVOIRS ENVERS L'AME

D. Qu'entend-on par devoirs envers l'âme ?

R. L'âme est la partie sensible et intelligente de nous-mêmes. L'homme a le devoir de développer en lui toutes ses facultés, c'est-à-dire tous les moyens de sentir et de connaître qu'il a reçus en partage plus qu'aucun être de la création.

D. Combien distingue-t-on de facultés de l'âme ?

R. On distingue trois facultés de l'âme : LA SENSIBILITÉ, L'INTELLIGENCE, LA VOLONTÉ.

---

(1) *Sport*, mot anglais qui s'applique à divers amusements en plein air, le *foot-ball* ou jeu du ballon, le *lawn-tennis*, sorte de jeu de paume. Les exercices à cheval, à bicyclette, etc., sont également des sports.

Devoirs envers la sensibilité. Le sentiment de la dignité morale

D. Qu'est-ce que la sensibilité ?

R. La sensibilité est le pouvoir que nous avons d'éprouver du plaisir et de la douleur. C'est le siège des sentiments, des inclinations, des passions.

D. Comment devons-nous développer notre sensibilité ?

R. Nous devons cultiver les bons sentiments, les inclinations et les passions généreuses, combattre en nous les mouvements de l'âme qui nous portent vers le mal, tels que les sentiments de haine, de jalousie, de vengeance. Il nous faut également résister à l'attrait du plaisir qui pourrait nous détourner de nos devoirs et de la loi du travail.

D. Qu'appelle-t-on sentiment de la dignité morale ?

R. Quand nous avons fait une bonne action, quand nous avons résisté à une influence mauvaise, quand nous avons conscience de mener une vie exempte de reproches, nous éprouvons un sentiment de satisfaction intérieure. Nous nous sentons rehaussés dans notre propre estime. Ce sentiment est celui de la dignité morale.

D. Quand sentons-nous qu'une atteinte a été portée à notre dignité morale ?

R. Lorsque nous avons cédé à une mauvaise tentation, lorsqu'une offense nous a été faite et que nous n'avons pas su nous faire respecter, nous sommes humiliés vis-à-vis de nous-mêmes et nous sentons notre dignité morale amoindrie.

D. Quelle est la meilleure conduite à tenir pour conserver notre dignité morale ?

R. Ce ne sont pas toujours ceux qui font les plus grandes démonstrations extérieures d'honneur et de probité qui méritent le plus d'estime. Le meilleur moyen d'être honoré est de conserver une conduite digne et réservée. Respectons les autres si nous voulons être respectés nous-mêmes.

D. *Qu'est-ce que l'honneur ?*

R. L'honneur revêt les formes les plus diverses. Il consiste, en général, dans l'accomplissement de tous nos devoirs. C'est l'honneur qui fait que nous ne permettons qu'on parle mal ou légèrement de nous-mêmes ou des personnes qui nous sont chères. C'est l'honneur qui fait que le commerçant sacrifie son repos, ses plaisirs pour tenir ses engagements. C'est l'honneur qui fait que le soldat meurt en défendant son drapeau. C'est l'honneur qui a inspiré aux marins du *Vengeur* la résolution de faire sauter leur navire plutôt que de se rendre. L'honneur est la source des grands sentiments et des généreuses pensées.

29º LEÇON

L'amour-propre. L'égoïsme

D. *L'honneur et la dignité morale, outre la loi du devoir, n'ont-ils pas pour principe un autre sentiment ?*

R. Ce sentiment est celui de l'*amour-propre* ou attachement que nous avons pour nous-mêmes. C'est le sentiment légitime qui nous pousse à rechercher ce qui peut augmenter notre valeur morale ou notre bien-être matériel.

D. *Quel nom prend ce sentiment lorsqu'il est exagéré ?*

R. Ce sentiment est un défaut qui s'appelle l'égoïsme. L'égoïste ramène tout à lui-même ; pour lui les devoirs sociaux, les devoirs de famille doivent passer après sa satisfaction personnelle.

D. *Quel est un des principaux avantages de l'amour-propre ?*

R. L'amour-propre a pour principal avantage de nous donner confiance en nous-mêmes. Cette confiance est nécessaire dans tous les actes de la vie. Celui qui doute de lui, qui flotte indécis devant une décision à prendre, qui manque d'initiative court grand risque d'échouer dans ses entreprises.

D. *Qu'est-ce que la présomption ?*

R. La présomption est une confiance trop grande en nous-mêmes ; elle consiste dans un sentiment exagéré de nos forces physiques ou de notre valeur intellectuelle. L'homme présomptueux court souvent au devant de l'insuccès.

D. *Qu'est-ce que l'orgueil ?*

R. L'orgueil est aussi un sentiment exagéré de notre valeur personnelle, qui nous pousse à nous croire supérieurs à ceux qui nous entourent et à afficher sans cesse cette prétention.

D. *Qu'est-ce que la modestie ?*

R. La modestie est la vertu opposée à l'orgueil. Elle consiste à s'estimer à sa juste valeur, à ne pas faire étalage à tout propos, de ses mérites, de sa force, de son savoir. Ceux qui manquent de modestie font preuve de fatuité et de mauvaise éducation.

D. *L'homme ne doit-il donc pas chercher à surpasser ses semblables ?*

R. Sans doute l'homme doit sans cesse chercher à s'élever, à se perfectionner lui-même, à surpasser ses semblables. Ce sentiment très légitime est celui de l'*émulation*; mais il ne faut pas que nous manifestions notre supériorité d'une façon hautaine et blessante pour ceux qui nous entourent.

D. *Quelle différence y a-t-il entre l'émulation et l'envie ?*

R. L'*émulation* est une rivalité légitime qui ne suppose ni méchanceté, ni bassesse. L'*envie*, au contraire, nous pousse à nous affliger du succès, des qualités, du bonheur d'autrui et à nous réjouir de ses fautes et de ses malheurs. C'est un sentiment méprisable composé de haine et d'impuissance à l'égard de ceux qui valent mieux que nous.

D. *Pourriez-vous citer d'autres défauts de la sensibilité ?*

R. La *colère* et la *haine* sont deux passions contre lesquelles nous devons nous tenir en garde.

D. *Qu'est-ce que la colère ?*

R. La colère est une passion violente qui nous égare hors de la loi de la raison. Elle aveugle souvent les hommes au point de les pousser aux actes les plus blâmables, quelquefois même au crime.

D. *Qu'est-ce que la haine ?*

R. La haine est une passion qui nous éloigne de nos semblables et nous pousse à leur nuire. C'est une sorte de colère réfléchie. Elle est légitime si elle a pour objet le vice et le crime ; mais si elle s'attaque aux personnes d'une manière aveugle et inconsidérée, c'est une passion funeste contre laquelle il est nécessaire de réagir.

L'envie

L'envie ne saurait se cacher. Elle accuse et juge sans preuve ; elle grossit les défauts, elle a des qualifications énormes pour les moindres fautes. Son langage est rempli de fiel, d'exagération et d'injure. Elle s'acharne avec opiniâtreté et avec fureur contre le mérite éclatant. Elle est aveugle, emportée, insensée, brutale.

VAUVENARGUES. (1)

Une forme particulière de l'envie : la jalousie

On dispute tout haut, à ceux dont on regarde l'élévation avec des yeux d'envie, des talents et des qualités louables qu'on est bien forcé de leur accorder en secret. On trouve à leurs vertus mêmes un mauvais côté quand on ne peut les travestir en vices. La même jalousie nous éclaire sur ce qu'ils ont d'estimable et nous le font mépriser... (2)

C'est la passion des âmes lâches ; c'est un aveu qu'on se fait à soi-même de sa propre médiocrité ; c'est un aveuglement qui nous ferme les yeux sur tout ce qu'il y a de plus bas, de plus indigne. On est capable de tout, dès qu'on peut être ennemi du mérite et de l'innocence.

Tous les traits les plus odieux semblent se réunir dans un cœur où domine la jalousie. Il n'est pas de bassesse que cette passion ou ne consacre ou ne justifie ; elle éteint même les sentiments les plus nobles de l'éducation et de la naissance ; et dès que ce poison a gagné le cœur, on trouve des âmes de boue, où la nature avait d'abord placé des âmes grandes et bien nées.

(1) Vauvenargues (1715-1747), moraliste, a écrit l'*Introduction à la connaissance de l'esprit humain*, des *Réflexions* et des *Maximes*.
(2) C'est-à-dire nous font parler de leurs qualités avec mépris.

Les hommes les plus décriés et les plus perdus, on les adopte, dès qu'ils veulent bien adopter et servir l'amertume secrète qui nous dévore. Ils nous deviennent chers, dès qu'ils veulent bien devenir les vils instruments de notre passion : et ce qui devait les rendre encore plus hideux à nos yeux, efface en un instant toutes leurs taches. On érige en mérite le zèle qu'ils étalent pour nos intérêts, et on leur fait une vertu d'un ministère infâme (1) dont on rougit tout bas soi-même.

MASSILLON.

30ᵉ LEÇON

Devoirs envers l'intelligence

D. *Qu'est-ce que l'intelligence ?*

R. L'intelligence est ce pouvoir qu'a notre âme de penser et de connaître, de créer des idées et de les coordonner.

D. *Pourquoi le développement de l'intelligence est-il nécessaire à la conduite morale de l'homme ?*

R. Le développement de l'intelligence est nécessaire à notre conduite morale. La culture générale de l'esprit permet de distinguer plus sûrement le bien, de nous déterminer en connaissance de cause, de mieux choisir les motifs de nos actes, de conserver, par conséquent, et d'accroître notre liberté.

La véracité, la sincérité

D. *Quel doit être le but de l'intelligence ?*

R. Le but de l'intelligence doit être de connaître et de répandre la vérité.

D. *En quoi consiste la véracité ?*

R. La véracité consiste à dire et à respecter la vérité. Un esprit sincère n'exprime jamais que ce qu'il croit être vrai. Sa parole doit être l'expression fidèle de sa pensée.

(1) C'est-à-dire les services méprisables qu'ils nous rendent.

D. *Quels sont les avantages de la véracité et de la sincérité?*

R. Rien n'est plus beau que de dire toujours la vérité. C'est le plus sûr moyen de s'attirer l'estime et la confiance des honnêtes gens.

D. *La sincérité ou franchise ne doit-elle pas garder quelquefois certains ménagements?*

R. La sincérité ou franchise ne consiste pas à froisser de légitimes susceptibilités. On doit penser tout ce qu'on dit, mais on ne doit pas dire tout ce qu'on pense. La politesse exige qu'on ne dise pas à tout venant des vérités désagréables.

D. *Une franchise exagérée ne peut-elle pas causer de graves inconvénients?*

R. Il est certaines vérités qu'il est nécessaire de ne pas énoncer brutalement. Annoncer, par exemple, à une mère la mort imprévue de son fils exige des ménagements et des précautions infinies. Un médecin qui déclarerait brusquement à un malade la gravité de son mal risquerait de le tuer sur le coup.

Le respect de la vérité

Vespasien avait envoyé dire à Helvidius Priscus de ne pas aller au Sénat. « Il est en ton pouvoir, lui répondit celui-ci, de m'empêcher d'être du Sénat; mais tant que j'en serai, j'y dois aller — Eh bien! vas-y, lui dit l'empereur, mais tais-toi — Ne m'interroge pas, et je me tairai. — Mais il faut que je t'interroge. — Et moi, il faut que je te dise ce qui me semble juste. — Si tu le dis, je te ferai mourir. — Quand t'ai-je dit que j'étais immortel? Tu rempliras ton rôle et je remplirai le mien. Ton rôle est de faire mourir; le mien est de mourir sans trembler.

ÉPICTÈTE. (1)

(1) Épictète, philosophe grec, vivait au I⁰ʳ siècle après J.-C. Il fut un des principaux représentants de la doctrine stoïcienne. La morale des stoïciens était élevée et sévère. Ils enseignaient que la douleur n'est pas un mal et qu'on doit la mépriser.

Sincérité

Georges Washington, qui devint président des Etats-Unis d'Amérique, fut renommé toute sa vie pour sa sincérité. Il était encore tout petit enfant, lorsqu'un ami de sa famille lui fit don d'une hachette. Dans sa joie, il n'eut rien de plus pressé que de l'essayer sur tous les arbres du jardin. Entre autres dégâts, il fit une énorme entaille à un oranger, arbre favori de son père. Celui-ci voulut savoir quel était l'auteur du méfait. Après avoir vainement interrogé tous les gens de la maison, il s'adressa à son fils : « Georges, lui dit-il, connais-tu le coupable? Je veux le punir, et le punir de telle sorte qu'il ne soit pas tenté de recommencer. » L'enfant eut une grande frayeur, mais il n'hésita pas à répondre : « Mon père, je ne puis faire un mensonge, c'est moi qui suis le coupable : punissez-moi. — Viens dans mes bras! s'écria son père. Tu as eu grand tort de mutiler un arbre que j'avais planté et que j'aimais; mais tu m'as dit la vérité et je te pardonne. Ta franchise vaut mieux pour moi que mille arbres, eussent-ils des fleurs d'argent et des fruits d'or. Va, et que l'aventure de l'oranger te rappelle toujours qu'il faut être, quoi qu'il en coûte, véridique et sincère. »

Allou. (1)

31e LEÇON

Le mensonge. L'hypocrisie

D. *Qu'est-ce que le mensonge ?*

R. Le mensonge est un défaut qui consiste à dire le contraire de la vérité. Mentir, c'est manquer à nos devoirs envers nous-mêmes, puisque nous détournons notre parole du but qui lui est assigné et qui consiste à dire la vérité. C'est manquer à nos devoirs envers autrui, puisque nous privons nos semblables de la vérité, c'est-à-dire d'un bien auquel ils ont droit.

D. *Quelles sont les conséquences du mensonge ?*

R. Un homme convaincu de mensonge perd la confiance de ses amis et de toutes les personnes avec lesquelles il est en relations. Cette fâcheuse habitude, si elle était

---

(1) Allou, avocat français, né à Limoges en 1820, mort en 1888.

répandue dans le monde, aurait pour conséquence d'éveiller les défiances et les haines, de détruire l'accord nécessaire dans toute société.

D. *Quelles sont les raisons qui poussent un homme à mentir ?*

R. On ment par orgueil, en se vantant de qualités, de biens qu'on ne possède pas, de bonnes actions qu'on n'a pas accomplies; par intérêt en trompant sur la valeur d'une marchandise que l'on vend; par vengeance, pour nuire à autrui; par lâcheté, parce qu'on n'a pas le courage d'avouer une faute et pour éviter une punition ou un blâme.

D. *Que doit faire un homme sincère qui a involontairement exprimé une erreur ?*

R. Il peut arriver à tout homme de se tromper. Un fait imprévu peut venir détruire des opinions, des croyances qui nous semblaient vraies. Si pénible que puisse être quelquefois l'aveu d'une erreur, vis-à-vis de nous-mêmes et vis-à-vis des autres, notre devoir est de la reconnaître loyalement.

D. *Qu'est-ce que l'hypocrisie ?*

R. L'hypocrisie est une forme du mensonge, qui consiste à dissimuler ses vices et à s'attribuer des vertus dont on est privé.

D. *Quelle est la définition que La Rochefoucauld (1) donne de l'hypocrisie ?*

R. La Rochefoucauld dit dans ses maximes : « L'hypocrisie est un hommage que le vice rend à la vertu. » En d'autres termes la vertu seule est aimable; elle seule est accueillie favorablement par tout le monde. Pour se faire accepter, le vice est obligé de prendre le ton, le langage, l'apparence extérieure de la vertu, en reconnaissant par cela même sa supériorité.

---

(1) La Rochefoucauld (1613-1680), moraliste français, auteur des « Maximes », ouvrage dans lequel il prétend que l'amour-propre est le modèle de toutes les actions des hommes et même le principe de toutes les vertus,

Le mensonge

...Je trouve qu'on s'amuse ordinairement à chastier aux enfants des erreurs innocentes très mal à propos... La menterie seule, et, un peu au dessoubs, l'opiniastreté, me semblent être celles desquelles on devrait à toute instance (1) combattre la naissance et le progrès : elles croissent quant et eux (2) ; et depuis qu'on a donné ce fauls train (3) à la langue, c'est merveille combien il est impossible de l'en retirer : par où il advient que nous veoyons des honnestes hommes d'ailleurs y être subjects et asservis. J'ai un bon garçon de tailleur à qui je n'ouy jamais dire une vérité, non pas (4) quand elle s'offre de lui servir utilement.

Si, comme la vérité, le mensonge n'avait qu'un visage, nous serions en meilleurs termes (5) ; car nous prendrions pour certain l'opposé de ce que dirait le menteur ; mais le revers de la vérité a cent mille figures et un champ indéfini... Un ancien Père dit que nous sommes mieux en la compagnie d'un chien cogneu (6), qu'en celle d'un homme dont le langage nous est incogneu. Et de combien est le langage faux moins sociable que le silence!

Montaigne. (7)

Une forme de l'hypocrisie : la duplicité

C'est le vice propre de l'homme double; et l'homme double est un méchant qui a toutes les démonstrations de l'homme de bien, c'est-à-dire belle apparence et mauvais jeu. (8)

La duplicité de caractère suppose, ce me semble, un mépris décidé de la vertu. L'homme double s'est dit à lui-même qu'il faut toujours être assez adroit pour se montrer honnête homme, mais qu'il ne faut jamais faire la sottise de l'être.

Je croirais volontiers qu'il y a deux sortes de duplicité : l'une systématique et raisonnée, l'autre naturelle et pour ainsi dire animale; on ne revient guère de la première; on ne revient jamais

---

(1) En prenant des soins constants.
( ) En même temps qu'eux.
(3) Cette mauvaise direction.
(4) Pas même quand.
(5) Nous serions en meilleure situation.
(6) Connu.
(7) Montaigne (1533-1592), moraliste français. Auteur des *Essais*, ouvrage dans lequel il fait avec entière franchise l'histoire de ses idées. Il y a dans ce livre des théories très justes sur la morale et l'éducation.
(8) Mauvaise façon d'agir.

de la seconde. (1) Je doute qu'il y ait un homme d'une duplicité assez consommée pour ne s'être point décelé. (2)

DIDEROT. (3)

32ᵉ LEÇON

Des diverses qualités de l'intelligence. La prévoyance. L'ordre. Le devoir de s'instruire.

D. *Qu'est-ce que la prévoyance?*

R. La prévoyance consiste à songer à l'avenir et à prendre des mesures, des précautions utiles à nos intérêts.

D. *Le souci de nos intérêts matériels fait-il donc partie de nos devoirs?*

R. Sans doute l'intérêt est autre chose que le devoir. Pourtant c'est un devoir de prendre soin de ses intérêts. Nous devons nous efforcer de nous préparer, pour l'avenir, une situation, une aisance qui nous assurent une vie plus tranquille, plus indépendante et qui nous permettent de faire le bien autour de nous.

D. *Comment devons-nous nous montrer prévoyants?*

R. Nous devons éviter les dépenses exagérées, la négligence, la paresse et l'insouciance qui endorment notre activité et nous empêchent de songer au lendemain.

D. *La prévoyance convient-elle à la jeunesse?*

R. La prévoyance et une qualité analogue, la prudence, devraient être les vertus par excellence de la jeunesse, qui est généralement trop peu soucieuse de l'avenir. Il faut que les jeunes gens profitent des premières années de la vie pour assurer le bien-être et la tranquillité de leur vieillesse.

---

(1) Cette idée ne semble pas exacte. On peut se corriger de la duplicité comme des autres défauts.
(2) Trahi.
(3) Diderot (1713-1784), fils d'un coutelier de Langres, un des principaux auteurs de l'*Encyclopédie*, a écrit deux drames : le *Fils naturel* et le *Père de famille*, de nombreuses lettres, etc.

D. *Qu'est-ce que l'ordre?*

R. L'ordre est la règle que nous mettons dans notre conduite, dans notre travail. « Que chaque chose ait sa place, a dit Franklin (1). Assigne à chacune de tes affaires une part de ton temps. »

D. *Quelle est la nécessité du travail intellectuel? Pourquoi devons-nous nous instruire?*

R. Notre intelligence livrée à elle-même, sans étude et sans culture, ne se développerait que d'une façon très imparfaite. Nous devons la perfectionner par l'étude, l'orner d'idées nouvelles, la pénétrer de maximes saines et fortes.

D. *Comment peut-on développer son intelligence?*

R. L'enfant développe son intelligence en suivant très attentivement les leçons de ses maîtres, en apprenant les vérités que lui découvre l'étude des sciences et dont l'application lui sera utile dans la vie, en lisant les chefs-d'œuvre des grands écrivains qui sont comme les éducateurs de la pensée humaine.

D. *En quoi consiste la dignité de l'homme?*

R. La dignité de l'homme, a dit Pascal (2), consiste dans la pensée. Nous devons donc nous étudier à bien penser; mais il faut que les connaissances que nous avons acquises nous éclairent et nous aident dans l'accomplissement du devoir. Honte à ceux pour qui l'instruction devient l'auxiliaire du vice. Plus coupables que les ignorants qui sont quelquefois excusables, car leur raison n'a pas eu de guide, ils méritent la réprobation de tous les honnêtes gens.

---

(1) Benjamin Franklin (1706-1790), homme politique et savant américain; contribua à fonder l'indépendance des États-Unis.
(2) Pascal (1623-1662), philosophe et savant, a écrit les *Lettres à un provincial* sur la morale des jésuites. Il a laissé inachevé un grand ouvrage dont les fragments ont été réunis sous le nom de *Pensées*.

L'ordre et l'emploi du temps. — Un livre du chancelier d'Aguesseau (1)

Le chancelier d'Aguesseau dînait à midi précis, et, quand midi sonnait, il descendait dans la salle à manger. Sa femme, qui n'était pas si exacte, le faisait toujours attendre de cinq à dix minutes. Le chancelier, s'apercevant de ce retard habituel, voulut l'employer à quelque chose, il fit mettre du papier et des plumes dans la salle à manger, et tous les jours il écrivait quelque chose en attendant sa femme. Eh bien, au bout de dix ans, avec les dix minutes de tous les jours qu'un autre aurait perdues à ne rien faire, il composa un des plus beaux livres qu'il ait laissés.

Frédéric SOULIÉ (2).

Prévoyance et persévérance

Un écolier presse une cerise entre ses lèvres, en rejette le noyau. Un vieillard le relève et l'enfouit dans une terre labourée, aux yeux de l'enfant, qui rit d'un tel soin. Plus tard il repasse au même lieu et voit le noyau devenu arbuste. Le vieillard est encore là qui le taille, le greffe, le défend contre toute atteinte. A quoi bon tant de fatigue? pense l'adolescent. Mais, devenu homme, et longeant la route poudreuse, il retrouve l'arbre couvert de fruits qui le désaltèrent, et il comprend enfin la prévoyance du vieillard. Qui de nous n'a point été cet adolescent et cet homme? Combien de projets abandonnés sur la route et qu'un plus avisé relève après lui.

E. SOUVESTRE (3).

Lettre d'une mère à son fils. — Sans l'instruction on n'arrive à rien

Cette nuit, Maurice, j'ai fait un triste rêve. J'étais dans une chambre froide, j'étais vieille, j'avais dépensé tout mon argent pour faire de toi un homme; j'étais pauvre; et toi, tout triste, tout pâle, tu disais : « Mais, maman, nous allons être riches. Je vais gagner de l'argent. Je serai médecin. — Mais tu ne sais rien, t'ai-je répondu. — Je serai peintre! — Tu ne sais rien!... » Et

---

(1) D'Aguesseau (1668-1751), né à Limoges, magistrat français, célèbre par la noblesse de son caractère et son talent d'écrivain.
(2) Frédéric Soulié, romancier contemporain.
(3) E. Souvestre, romancier contemporain.

tu me citais toutes les professions, je te répondais toujours : « Tu ne sais rien! » Alors, tu t'es mis à pleurer en disant : « Pourquoi est-ce que je ne sais rien? » Je t'ai dit : « Parce que, quand tu étais petit garçon, tu ne pensais jamais à ta mère, tu jouais en disant : « Demain, je travaillerai. » Et maintenant, tu ne sais rien, et je pleure de chagrin et je mourrai de honte.

SARAH-BERNHARDT (1).

33ᵉ LEÇON

Division des facultés de l'intelligence

D. *Quelles sont les diverses facultés de l'intelligence?*

R. Les diverses facultés de l'intelligence sont le *jugement*, le *raisonnement*, la *mémoire*, l'*imagination*. On rattache également à l'intelligence le *langage* et l'*habitude*.

Le jugement et le raisonnement

D. *Qu'est-ce que le jugement?*

R. Le jugement est une opération de l'esprit qui consiste à affirmer ou à nier une chose. Il importe à tout homme d'avoir toujours un jugement sûr qui le préserve de l'erreur. Le bon sens doit être la qualité première du jugement.

D. *Doit-on accepter sans contrôle les opinions d'autrui?*

R. Il ne faut pas rejeter de parti-pris les opinions des autres ; mais il est nécessaire de penser par soi-même et de penser juste. Trop souvent les enfants acceptent les croyances fausses par crédulité et manque de jugement.

D. *Le jugement doit-il être spontané?*

R. Sans doute il est nécessaire que l'esprit montre une certaine vivacité dans l'expression de ses jugements. L'énonciation lente des idées n'est pas généralement une preuve d'intelligence. Pourtant la vivacité de l'esprit n'exclut pas la *réflexion*. Il est bon aussi de suspendre son

(1) Sarah-Bernhardt, célèbre actrice contemporaine.

jugement pour avoir le temps de découvrir la vérité quelquefois obscure et cachée.

D. *Qu'est-ce que le raisonnement?*

R. Le raisonnement est l'opération de l'esprit qui consiste à coordonner nos idées, à en trouver de nouvelles au moyen de celles qui sont déjà connues.

D. *Combien y a-t-il de sortes de raisonnements?*

R. Il y a deux sortes de raisonnements : le raisonnement déductif ou déduction et le raisonnement inductif ou induction.

D. *Qu'est-ce que le raisonnement déductif ou déduction?*

R. Le raisonnement déductif ou déduction va du général au particulier, par exemple : les hommes sont mortels. Pierre est un homme, donc Pierre est mortel. Cette forme de la déduction s'appelle le *syllogisme*, c'est-à-dire un raisonnement composé de trois propositions, la *majeure*, la *mineure* et la *conclusion*. La majeure et la mineure s'appellent aussi les *prémisses*.

D. *Qu'est-ce que l'induction?*

R. L'induction est un raisonnement qui va du particulier au général. Par exemple j'ai observé qu'un morceau de fer et un morceau de cuivre se dilataient sous l'action de la chaleur. J'en conclus que sous l'action de la chaleur, *tous* les métaux se dilateront. L'induction remonte des faits aux lois qui les régissent.

D. *Le raisonnement doit-il être cultivé chez l'enfant?*

R. L'enfant ne doit pas être habitué à raisonner sans cesse. Il doit, dans le principe, obéir et accepter pour vrai ce que lui disent ses parents et ses maîtres. Pourtant l'habitude de conduire son esprit suivant certaines méthodes est d'une grande importance pour la culture intellectuelle. C'est en mathématiques surtout qu'il est nécessaire de déduire avec rigueur, de tirer avec exactitude d'un principe toutes les conséquences qui en résultent. De même dans les sciences physiques où l'induction est surtout employée, on s'habituera à tenir compte des faits et de l'expérience plutôt que des données souvent illusoires de l'imagination.

34ᵉ LEÇON

La mémoire

D. *Qu'est-ce que la mémoire ?*

R. La mémoire est le pouvoir que nous avons de conserver ou de rappeler les connaissances acquises.

D. *Quelle est l'utilité de la mémoire ?*

R. Il est évident que toutes nos études seraient inutiles si elles n'étaient pas conservées dans notre esprit par cette faculté particulière.

D. *Comment les enfants doivent-ils exercer leur mémoire ?*

R. Les enfants doivent exercer leur mémoire en apprenant par cœur les leçons qui leur sont données par leurs maîtres. La mémoire qui n'est pas cultivée devient paresseuse et incapable de nous rendre dans le cours de la vie les services qu'on peut attendre d'elle.

D. *Quelle est l'importance de la mémoire pour l'éducation morale ?*

R. En apprenant par cœur les plus belles pages des bons écrivains, en se pénétrant de pensées saines et fortes, l'enfant fortifiera son esprit par une culture aussi bien morale qu'intellectuelle. Sans doute, il ne faut pas toujours se payer de formules apprises par cœur. Mais il n'en est pas moins vrai que les bons principes, nettement posés, sont, pour la conduite de l'homme, de solides points d'appui.

D. *Quels doivent être les rapports de l'intelligence et de la mémoire ?*

R. La mémoire ne saurait remplacer l'intelligence ; mais ces deux facultés doivent se rendre de mutuels services. Apprendre par cœur sans comprendre est un exercice fatigant, ennuyeux et inutile pour l'esprit. Plus l'enfant comprendra avec clarté et précision, plus fidèles et plus tenaces seront les données de sa mémoire.

LECTURE

La mémoire

La mémoire est la faculté par laquelle nous rattachons au moment présent les événements passés ; sans la mémoire nous ne vivrions que dans l'instant actuel ; toutes nos impressions seraient fugitives, nous ne saurions pas que nous sommes aujourd'hui le même être que nous étions hier et les jours précédents; la conscience durable de nous-mêmes nous ferait défaut; notre identité nous échapperait.

Notre intelligence peut rappeler, reproduire, faire revivre des faits, des sentiments, des idées, des mots, des sons, des impressions, des émotions sur lesquels le temps s'est écoulé; selon que cette reproduction est plus rapide, plus vive, plus complète, nous sommes doués d'une mémoire plus prompte et plus sûre.

La mémoire n'est pas une faculté isolée dans l'intelligence ; elle est un mode de l'intelligence, elle retient surtout ce que l'esprit comprend, ce qui le frappe vivement, ce qui excite au plus haut degré son intérêt et son attention. Nous pouvons certainement, avec de l'effort, du travail, grâce à une répétition fréquente, retenir des mots, des phrases, qui n'aient pour nous aucun sens ou qui n'aient qu'un sens confus. Mais nous ne les retenons que peu de temps. C'est une fatigue stérile, sinon funeste. Nous gardons, au contraire, longtemps, toujours, ce que nous avons appris après l'avoir compris. Ce qui a laissé une trace lumineuse dans notre intelligence laisse une trace profonde et durable dans notre mémoire.

C'est dans l'enfance que la mémoire est à la fois le plus souple et le plus tenace. On est émerveillé, à la réflexion, de la quantité prodigieuse de choses qu'elle retient dans les premières années.

Les choses apprises dans l'enfance et l'adolescence persistent jusqu'aux limites les plus reculées de la vieillesse, alors souvent que la plupart des facultés s'émoussent, que la mémoire elle-même n'est plus qu'une surface glissante où rien ne s'arrête plus.

...

35ᵉ LEÇON

L'imagination. Ses avantages

D. *Qu'est-ce que l'imagination ?*

R. L'imagination est le pouvoir que nous avons de nous représenter des choses absentes, de modifier et d'étendre nos conceptions au delà de la réalité.

D. *Quels sont les principaux avantages de l'imagination.*

R. L'imagination a pour avantage de nous présenter des objets délivrés de ce qu'ils ont d'imparfait dans la réalité. Elle nous enlève pour un instant aux misères de la vie et nous transporte dans un monde meilleur. C'est de l'imagination aussi que dérive l'idée du beau, qui est le principe de l'art.

D. *Qu'est-ce que l'art?*

R. L'art consiste à représenter la nature sous une forme idéalisée. L'artiste se crée un idéal qu'il s'efforce d'atteindre et d'exprimer sous une forme sensible.

D. *Qu'est-ce que le goût?*

R. Le goût, sens physique qui a son siège dans le palais, a également une signification morale. Le goût est un sentiment qui dérive à la fois de l'imagination et de la sensibilité et qui nous fait distinguer dans chaque chose ce qui est beau de ce qui est laid.

D. *Qu'est-ce qu'un homme de goût?*

R. On est homme de goût quand on est sait reconnaître le mérite d'une œuvre d'art, d'une page littéraire, d'un spectacle. Il faut avoir du goût dans toute chose, dans son langage, dans sa conduite, dans ses vêtements.

D. *Quel est le rôle de l'imagination dans la science?*

R. Grâce à l'imagination, le savant peut faire des hypothèses, c'est-à-dire des suppositions qu'il tâche de vérifier par la suite pour établir ses découvertes. Il a fallu de l'imagination au médecin anglais Harvey (1) pour découvrir, d'après la forme des veines, la circulation du sang, à Jacquard (2) pour créer de nouvelles machines.

D. *Quelle est l'utilité de l'imagination dans les diverses carrières?*

R. L'imagination est nécessaire à tous : au général pour combiner un plan de bataille, au commerçant pour faire

---

(1) Harvey (1578-1658, médecin anglais, célèbre par sa découverte des lois de la circulation du sang.

(2) Jacquard (1752-1834), mécanicien, né à Lyon, inventeur de métiers à tisser.

une heureuse spéculation, à l'homme d'Etat pour prévoir les résultats d'une réforme. Elle est nécessaire à l'enfant pour choisir une carrière et s'y préparer par des efforts soutenus. L'imagination est la source de la prévoyance et de la prudence.

L'espérance

D. *Qu'est-ce que l'espérance?*

R. L'espérance est un sentiment qui dérive de l'imagination. C'est le désir de voir se réaliser certaines choses que notre imagination nous représente comme possibles.

D. *Devons-nous cultiver et développer ce sentiment de l'espérance?*

R. Oui, nous devons favoriser cette tendance de l'âme à la condition que ce que nous espérons soit conforme au bien. L'espérance est la qualité par excellence de la jeunesse. A elle il appartient de faire des projets d'avenir, de prévoir comme but à atteindre une situation honorable dans la société, une carrière brillante et de nobles tâches à accomplir.

36e LEÇON

Défauts de l'imagination

D. *Quels sont les défauts de l'imagination?*

R. Les défauts de l'imagination peuvent se résumer à trois principaux :

1° L'imagination a souvent le tort de faire briller à nos yeux des perspectives enchanteresses, d'égarer notre esprit dans des chimères ou des fictions romanesques et d'être ainsi pour nous, lorsque nous sommes ramenés à la réalité, une cause de déception ;

2° Un autre défaut de l'imagination est la rêverie, qui détache notre esprit de la réalité des choses et des devoirs que nous avons à accomplir. Les fictions de la fantaisie flattent ainsi notre paresse naturelle, endorment notre activité et affaiblissent notre énergie. Des rêveries trop prolongées ont quelquefois conduit à la perte de la raison;

3º L'imagination est la principale cause des superstitions; par elle beaucoup de gens sont portés à croire des choses surnaturelles et absurdes. Par exemple, les histoires de revenants et de loups-garous sont dangereuses pour les enfants, car elles faussent leur jugement. D'autre part les frayeurs qu'elles leur causent peuvent apporter des troubles sérieux dans leur système nerveux et leur organisme.

L'imagination mal réglée

Les filles mal instruites et inappliquées ont une imagination toujours errante. Faute d'aliment solide leur curiosité se tourne en ardeur vers les objets vains et dangereux. Celles qui ont de l'esprit s'érigent souvent en précieuses, et lisent tous les livres qui peuvent nourrir leur vanité; elles se passionnent pour des romans, pour des comédies, pour des récits d'aventures chimériques. Elles se rendent l'esprit visionnaire et s'accoutument au langage magnifique des héros de romans; elles se gâtent même pour tout le monde; car tous ces beaux sentiments en l'air, toutes ces aventures que l'auteur du roman a inventées pour le plaisir, n'ont aucun rapport avec les vrais motifs qui font agir dans le monde, et qui décident des affaires, ni avec des mécomptes qu'on trouve dans tout ce qu'on entreprend.

Une pauvre fille pleine du tendre et du merveilleux qui l'ont charmée dans ses lectures, est étonnée de ne point trouver dans le monde de vrais personnages qui ressemblent à ses héros. Elle voudrait vivre comme ces êtres imaginaires qui sont dans les romans toujours charmants, toujours adorés, toujours au-dessus de tous les besoins; quel dégoût pour elle de descendre de l'héroïsme jusqu'aux plus bas détails du ménage.

Fénelon. (1)

37º LEÇON

Devoirs envers la volonté

D. *Quel est le rôle de la volonté dans la conduite morale de l'homme?*

R. La volonté n'est pas une faculté isolée et séparée des autres. Elle est la condition de toutes les vertus. Il faut

(1) Fénelon (1651-1715), écrivain français, fut archevêque de Cambrai, a publié un *Traité de l'éducation des filles*, des *Dialogues des morts*, des *Sermons*. Son ouvrage le plus connu est *Télémaque*.

de la force morale, du courage pour résister aux passions, pour remplir ses obligations envers sa famille, son pays et, en général, pour accomplir tous ses devoirs.

Le courage

D. *Quelles sont les diverses formes du courage?*

R. On distingue trois sortes de courage : le *courage personnel*, le *courage civil*, le *courage militaire*.

D. *En quoi consiste le courage personnel?*

R. Le courage personnel est celui par lequel nous arrivons à nous vaincre nous-mêmes, à triompher de nos passions et de nos faiblesses. L'empire sur soi-même qui consiste à dominer nos mauvais instincts est digne d'éloges; car, s'il n'apparaît pas aux yeux de tous avec le même éclat que le courage militaire, par exemple, il n'en est pas moins la condition essentielle de la dignité humaine.

D. *Quelles sont les circonstances de la vie où il est nécessaire d'avoir du courage personnel?*

R. Il faut du courage pour supporter les revers de fortune, les pertes de parents ou d'amis qui nous sont chers, les maladies et les infirmités. Nous avons vu que le suicide est un acte de faiblesse. Le courage est donc nécessaire pour supporter quelquefois la vie, ses douleurs et ses épreuves.

D. *Quel est le sentiment qui fait supporter la douleur sans se plaindre?*

R. Ce sentiment est celui de la résignation, qui consiste à subir sans se plaindre les coups du sort, les malheurs causés par la fatalité.

D. *Ce sentiment de la résignation doit-il être approuvé et encouragé?*

R. Sans doute il faut accepter sans récriminer les peines et les douleurs de la vie qu'on ne peut empêcher; mais, dans la mauvaise fortune, ne restons pas inertes, sachons conserver notre énergie, qui peut nous faire sortir victorieux des plus difficiles épreuves. De même dans un deuil cruel, par exemple, la résignation ne doit pas devenir de l'indifférence et de l'apathie. La douleur est légitime dans ce cas; n'ayons aucune honte à pleurer ceux qui nous sont chers; mais que cette douleur ne brise pas notre force d'âme et conservons dans nos afflictions le sentiment de notre dignité morale.

D. *Quelle est encore une autre forme du courage moral ?*

R. Le courage moral consiste encore à opposer hautement une conviction sincère aux opinions différentes des autres, à combattre les préjugés et les erreurs, à braver, pour défendre ses idées, les violences et les moqueries de ses adversaires.

D. *Qu'est-ce que le caractère ?*

R. Le caractère consiste à avoir une volonté ferme bien arrêtée dans sa conduite, à posséder des convictions sincères et à les suivre fidèlement. C'est ainsi que chaque homme prend un cachet personnel. Comme l'a dit La Bruyère, (1) « un caractère bien fade est celui de n'en avoir aucun ».

D. *Qu'appelle-t-on courage civil ?*

R. Le courage civil est celui dont un citoyen fait preuve à l'égard de ses semblables. L'homme qui expose sa vie pour sauver une personne en danger, le médecin qui brave une épidémie pour donner ses soins aux malades, le magistrat qui, méprisant les ordres du despotisme, rend des arrêts conformes à sa conscience, le président d'une assemblée qui, comme Boissy d'Anglas, tient tête aux fureurs de l'émeute, sont autant d'exemples du courage civil.

D. *Qu'est-ce que le courage militaire ?*

R. Le courage militaire est celui du soldat qui se conduit vaillamment sur les champs de bataille. L'histoire a conservé les noms de ces braves qui, depuis Léonidas (2)

---

(1) La Bruyère (1645-1696), moraliste français, a écrit les *Caractères ou Mœurs de ce siècle*.

(2) Léonidas, à la tête de 300 Spartiates, tint tête à l'innombrable armée de Xerxès et défendit le défilé des Thermopyles. Ils succombèrent jusqu'au dernier, mais après avoir mis 20,000 Perses hors de combat.

jusqu'aux héros de Mazagran, (1) ont honoré leur pays par leur valeur et servent d'exemples aux générations à venir.

LECTURES

Le courage civil. — Héroïsme d'un enfant

Le jeune Joseph Serres habite Gimont, dans le Gers. Il a douze ans à peine. Un jour, le 2 mai de l'année 1839, il entend un grand bruit. Deux enfants, de quatre ans chacun, se promenaient ensemble sur la place publique. Ils montent sur le puits de la ville, y jouent, se précipitent au fond. Tout le monde accourt. Mais que fera-t-on ? On délibère, on se lamente. « Nous avions perdu tout sang-froid » disent naïvement les habitants. Le jeune Serres a conservé le sien. Il demande une échelle. Elle est trop courte ; on la tiendra. Il descend ; elle était trop courte, en effet. Mais l'un des deux enfants est debout, tend les mains, aide à sa propre délivrance. En se penchant, Serres peut le saisir ; il remonte péniblement, mais ne faiblit pas, ne se décourage pas et le rend à sa mère.

Et le second ! Il n'a point reparu. Il est sous l'eau. Serres redescend, sans que de tous ces hommes, aucun se soit avisé du moins d'avoir une échelle moins périlleuse pour l'intrépide enfant. Cependant il va, il se baisse, il n'arrive pas jusqu'à l'eau. Que fera-t-il ? Il se suspend, il se tient du pied à l'échelon ; puis il plonge, il cherche avec effort. On tient tous les deux. Un moment, on ne sent plus rien : perdu. Cependant il a saisi le petit malheureux, il l'a sans connaissance, mort, peut-être. N'importe, il le rendra à la mère. Comment s'y prend-il ? Il ne le sait plus lui-même. Dans les actions généreuses on a, quand il le faut, une force surhumaine. Enfin il reparaît avec son fardeau. Tous deux sont sauvés, car l'autre peut, à la longue, être rappelé à la vie.

De Salvandy. (2)

Juliette Dodu

Pendant la guerre de 1870, les Prussiens envoyèrent au prince Frédéric-Charles, l'un de leurs généraux, établi alors à Pithiviers, une dépêche pour lui indiquer la situation exacte d'un corps

---

(1) Mazagran est un village d'Algérie où, en 1840, 123 Français résistèrent victorieusement à 12,000 Arabes.
(2) De Salvandy (1795-1856), écrivain, membre de l'Académie française, fut ministre de l'Instruction publique.

français qui marchait sur Gien. La directrice de la station télégraphique de Pithiviers, Mlle Juliette Dodu, avait été internée dans sa chambre par nos ennemis. Elle attacha un autre fil conducteur aux appareils de transmission, recueillit ainsi les télégrammes allemands, et les fit parvenir au général français dont les troupes étaient menacées. Dénoncée à l'ennemi, elle fut arrêtée et condamnée à mort. Pour toute excuse elle se contenta de dire : « Je suis Française et ma mère aussi. » L'armistice signé à cette époque lui sauva la vie.

COMPAYRÉ.

La mort de Rotrou (1650)

Rotrou, poëte tragique, était lieutenant particulier et civil au bailliage de Dreux, sa ville natale. Ayant appris à Paris qu'une maladie épidémique y sévissait avec fureur, il comprit qu'il était de son devoir de se rendre à son poste, et, sans phrases, il s'y rendit, et y mourut. C'est là un des plus beaux exemples de de dévouement et de fidélité au devoir.

Le courage militaire. — Morts pour la Patrie

Les braves dorment bien dans cette immense plaine,
Pas de saules pleureurs, pas de mornes cyprès...
Ce n'est qu'un terrain vague, où vient la marjolaine,
La bruyère et l'ajonc. — Mais, là, cent ans après,
Filant à pas songeurs leurs quenouilles de laine,
Les filles du pays, d'un long regard pieux,
Salueront le champ calme où dorment les aïeux,
Et diront : « Par milliers, dans ce grand cimetière,
Pâtres et laboureurs, sans linceul et sans bière,
Tous frappés par devant, se couchèrent un soir...
Ils avaient accompli saintement leur devoir. »

André LEMOYNE. (1)

38e LEÇON

Le langage

D. *Qu'est-ce que le langage?*

R. Le langage est la faculté que nous avons d'exprimer des sons ayant un sens précis et traduisant notre pensée.

---

(1) André Lemoyne, poète contemporain, auteur des *Charmeuses*, des *Légendes des Bois* et des *Chansons marines*.

D. Quel doit être le but du langage ?

R. Le but du langage doit être l'expression de la vérité.

D. Quelles règles devons-nous observer dans l'expression de notre pensée ?

R. Nous devons nous efforcer de faire de notre langage la reproduction rigoureuse et fidèle de notre pensée, c'est-à-dire surveiller l'exactitude et la propriété des termes que nous employons, ne pas nous contenter d'expressions vagues qui accusent la paresse d'esprit et nous font difficilement comprendre de ceux qui nous écoutent,

D. Quelles sont les expressions que les enfants doivent éviter ?

R. Trop souvent les enfants sont portés à employer des expressions basses et triviales. Ils doivent éviter les mots grossiers, qui donneraient une fâcheuse idée de leur moralité et de leur éducation. Sans rechercher des termes précieux et affectés qui les rendraient ridicules, il est toujours possible d'être à la fois simple et élégant (1) et d'observer dans son langage les règles du bon goût.

D. Quels sujets faut-il éviter dans la conversation ?

R. Les enfants doivent bannir d'une façon absolue de leur langage les propos grossiers et inconvenants. Ils peuvent être gais, enjoués dans leurs conversations sans parler de choses qui choquent la bienséance.

39ᵉ LEÇON

L'habitude

D. Qu'est-ce que l'habitude ?

R. L'habitude est le pouvoir que nous avons de reproduire plus facilement certains actes lorsque nous les avons accomplis plusieurs fois.

D. Combien y a-t-il de sortes d'habitudes ?

R. Il y a deux sortes d'habitudes : les habitudes du corps et les habitudes de l'âme.

(1) Elégant vient du latin *eligere*, choisir.

D. *Quelles sont les habitudes que nous devons donner à notre corps ?*

R. Nous devons assouplir notre corps par divers exercices physiques pour le rendre capable de supporter la fatigue ; en fortifiant progressivement notre organisme, nous le mettons en état de résister aux maladies.

D. *L'apprentissage n'est-il pas une habitude?*

R. L'apprentissage d'un métier manuel n'est autre qu'une habitude. Nos mains, maladroites au début, acquièrent dans les divers métiers où nous les exerçons une plus grande habileté. Beaucoup d'ouvriers arrivent, par un simple effet de l'habitude, à faire machinalement et sans effort des travaux qui leur demandaient, à l'origine, beaucoup de peine et d'attention.

D. *Comment pouvons-nous faire prendre à notre âme de bonnes habitudes ?*

R. L'âme humaine est malheureusement plus portée vers le mal que vers le bien. La jeunesse, surtout, est comme une cire molle qui prend facilement l'empreinte du vice. Pour résister à cette tendance, nous devons affermir notre âme contre les tentations mauvaises et la maintenir dans la voie du devoir. L'accomplissement du bien, la pratique de la vertu, d'abord pénibles, deviendront faciles, si nous faisons effort au début, si nous donnons en un mot à notre âme de bonnes habitudes.

D. *Quelles sont les diverses habitudes morales que nous devons prendre dès l'enfance ?*

R. Les enfants doivent pratiquer la docilité et l'obéissance envers leurs maîtres. En classe, ils doivent habituer leur esprit, souvent distrait, à suivre les explications qui leur sont données, à raisonner, à réfléchir, en un mot ; car la réflexion est une des plus importantes habitudes de l'esprit.

D. *Quels effets peuvent avoir les mauvaises habitudes ?*

R. Quand l'homme se laisse dominer par des habitudes mauvaises et vicieuses, elles le dégradent et l'avilissent, et prennent sur lui un empire tel, que sa volonté est souvent impuissante à les détruire. L'habitude de l'ivrognerie, en particulier, est une des plus funestes pour le corps et pour l'âme.

40ᵉ LEÇON

DEVOIRS COMMUNS A L'AME ET AU CORPS

Le travail

D. *Qu'est-ce que le travail?*

R. Le travail est la loi universelle des êtres vivants. Il est la condition première de l'existence. Nous avons vu, dans la première partie (1), que le travail était libre, c'est-à-dire qu'il était un droit pour tous. Il fait également partie de nos obligations. Pour l'homme, c'est un devoir absolu d'exercer ses forces physiques et les facultés de son intelligence.

D. *Quels sont les avantages du travail?*

R. Le travail élève l'âme, règle nos désirs et nous préserve des tentations troublantes et malsaines, en même temps qu'il assure notre existence et notre bien-être matériel.

D. *Existe-t-il, au point de vue moral, une différence entre le travail manuel et le travail intellectuel?*

R. Au point de vue moral, le travail manuel et le travail intellectuel sont également respectables. Les anciens pensaient à tort que le travail manuel était indigne d'un homme libre. Aujourd'hui, on considère que le travail, quel qu'il soit, matériel ou intellectuel, ennoblit l'homme et élève sa dignité morale.

D. *Quelle est l'importance du travail pour les enfants?*

R. Les enfants doivent profiter des années précieuses de la jeunesse pour s'instruire, acquérir des connaissances qui seront pour eux les meilleurs auxiliaires dans la vie.

D. *Les enfants peuvent-ils s'autoriser de la fortune de leurs parents pour se laisser aller à la paresse?*

R. Les enfants auraient tort de compter sur les biens qu'ils pourront avoir plus tard pour se dispenser de la loi

---

(1) Voir page 31, la liberté du travail.

du travail. Si leurs parents leur laissent de la fortune, l'instruction leur sera utile pour l'administrer sagement. Il faut aussi prévoir les vicissitudes de la vie, les revers imprévus. Les richesses les plus considérables peuvent être rapidement englouties. C'est alors que les connaissances acquises dans la jeunesse deviennent un précieux secours.

D. *Comment les riches peuvent-ils se conformer à la loi du travail?*

R. Les riches doivent s'efforcer de communiquer aux autres une part des avantages dont ils jouissent, fonder des établissements de bienfaisance, se mettre à la tête d'entreprises qui répandront autour d'eux l'aisance et le bien-être, devenir les promoteurs du progrès dans les diverses branches de l'activité humaine.

D. *Que faut-il penser de l'oisiveté?*

R. L'oisiveté est la mère de tous les vices. Les gens oisifs, cherchant à occuper le temps qui leur pèse, cèdent à l'attrait dangereux des plaisirs qui consument le corps et perdent l'âme.

Le travail des mains et le travail de l'intelligence

Cléanthe, ancien athlète, était devenu, à Athènes, un fervent disciple du philosophe Zénon. Tout le monde se demandait comment il pouvait vivre, car on ne lui connaissait aucun bien et on ne le voyait rien faire de plus que de suivre les leçons du maître. Le tribunal de l'Aréopage cita Cléanthe devant lui pour qu'il eut à justifier ses moyens d'existence.

Le philosophe fit venir avec lui devant les juges un jardinier et une vieille femme. Le jardinier affirma que, pendant la nuit, Cléanthe tirait de l'eau pour lui et la vieille femme; que quelquefois, pendant la nuit également, il tournait la meule de son moulin.

Cléanthe déclara à l'Aréopage que son travail de nuit lui fournissait les moyens de s'adonner librement pendant le jour à ses études favorites. Les juges, non seulement le renvoyèrent absous, mais voulurent lui donner quelque argent pour lui permettre de se reposer un peu. Cléanthe refusa, disant que le produit de son travail lui suffisait.

Il succéda plus tard à son maître Zénon et eut pour disciple Antigone qui fut un des successeurs d'Alexandre.

Antigone, après une longue absence, revint à Athènes et retrouva son ancien maître tournant la meule pour vivre.

« Comment! lui dit-il, vous faites encore un pareil métier. »

— Puisque ce métier, répondit Cléanthe, m'assure l'indépendance et la dignité, pourquoi cesserais-je de le faire ?

41ᵉ LEÇON

La tempérance. L'alcoolisme

D. *Qu'est-ce que la tempérance ?*

R. Boire et manger sont deux nécessités de la vie. Mais l'excès de boisson et de nourriture est un danger pour la santé. L'homme doit manger et boire modérément ; c'est cette qualité qu'on nomme la sobriété ou la tempérance.

D. *Qu'est-ce que l'intempérance ?*

R. L'intempérance est le défaut contraire ; elle consiste à manger et surtout à boire au delà de ce qui nous est nécessaire. Cette passion conduit fatalement à l'ivrognerie, c'est-à-dire à l'abus de l'alcool et à la débauche.

D. *Quels sont, en général, les effets de l'alcool ?*

R. L'alcool compromet la santé de l'homme, abrège sa vie, anéantit sa volonté et amène rapidement, avec la paresse, sa compagne obligée, la misère.

D. *Quelle opinion a-t-on d'un homme ivre ?*

R. Un homme ivre a perdu toute dignité morale ; il n'inspire que du mépris et du dégoût. Les anciens Spartiates, pour inspirer à leurs enfants l'horreur de l'ivrognerie, leur montraient un esclave ivre.

D. *Quelle influence l'alcool exerce-t-il sur l'intelligence ?*

R. L'alcool porte les plus graves atteintes à l'intelligence et à la raison. Le sens moral est perverti. La raison même finit par disparaître et la folie est le plus souvent une conséquence de l'alcoolisme.

D. *Quels sont les funestes effets de l'alcoolisme sur la famille ?*

R. L'homme qui se dégrade au point de se livrer à l'ivrognerie perd la notion de ses devoirs. S'il est père de famille, son autorité diminue; les liens qui unissent les parents et les enfants se relâchent; l'argent nécessaire aux besoins du ménage se dissipe au cabaret. C'est le désordre et la misère dans la maison.

D. *Quels ravages l'alcool exerce-t-il sur la race et le pays tout entier?*

R. L'alcool ruine l'organisme. Le sang s'appauvrit et se corrompt. Dans les pays où l'alcoolisme est le plus répandu, la race perd sa santé et sa vigueur, les corps sont malingres et chétifs. Au point de vue patriotique, il faut lutter et réagir contre les ravages de l'alcoolisme pour conserver au pays, avec un sang vigoureux, de solides défenseurs.

L'abus du tabac

D. *Quelles sont les conséquences de l'abus du tabac?*

R. Le tabac, dont l'usage est malheureusement trop répandu, a sans doute de moins funestes effets que l'alcool. Toutefois, il ne faut pas oublier que cette plante contient un poison, la nicotine, et que l'abus du tabac peut produire des désordres dans l'organisme. Les enfants, en particulier, lorsqu'ils se permettent de fumer, éprouvent des maux de cœur et des vomissements. Pour les personnes de condition modeste, surtout, l'usage du tabac constitue une dépense inutile, qui n'est pas en rapport avec le plaisir qu'elle procure.

La folie produite par l'alcool

Les hallucinations des alcooliques varient à l'infini; elles reflètent souvent l'objet soit des occupations journalières, soit des préoccupations dominantes, avec une préférence toute particulière pour ce qui est désagréable, pénible ou terrifiant. Ainsi, une laveuse, observée par nous à l'hôpital, quitta précipitamment la salle pour échapper au torrent qui menaçait de l'inonder. Une autre femme, qui avait habité l'Algérie, était tourmentée par la vue des grands animaux de cette contrée. Un forgeron signalait l'existence du feu à l'angle de son lit.

Le malheureux alcoolique se croit fréquemment poursuivi : tantôt il redoute des hommes armés de couteaux, tantôt il entend des cris de mort qu'on profère contre lui, ou bien une foule de gens l'insultent, tiennent des propos injurieux sur son honneur et sa moralité; d'autres fois, il se sauve par la fenêtre pour échapper aux poursuites du diable qui veut s'emparer de lui, ou, comme je l'ai vu, il s'empresse de monter dans un wagon de chemin de fer et arrive à Paris, afin d'éviter les gendarmes qui veulent l'arrêter. Tout, pour le pauvre malade, est un motif de crainte, et constamment il est sous le coup de la fatale idée que ses jours sont en danger.

Les sens de la vue et de l'ouïe sont le point de départ habituel de ces aberrations : les autres appareils des sens n'en sont point exempts : on a vu des malades boire de l'eau pour du trois-six, accuser des odeurs qui n'existaient pas ou qui étaient tout autres que celles qui frappaient leurs sens.

Inutile de démontrer que l'abus des boissons alcooliques conduit souvent au suicide.

C'est un fait avéré aujourd'hui, tant en Angleterre qu'en Allemagne, en Russie et en France : pour s'en convaincre, il suffit de consulter les auteurs qui se sont occupés de ce genre de mort. Disons que deux modes de suicide sont plus spécialement choisis: la pendaison, par l'homme; la submersion, par la femme.

Docteur LANCEREAUX. (1)

42ᵉ LEÇON

DEVOIRS DE FAMILLE

Devoirs des époux entre eux

D. *Qu'est-ce que le mariage ?* (2)

R. La famille est constituée par le mariage. Le mariage est un contrat solennel entre l'homme et la femme pour vivre en commun et accomplir les devoirs que cette union leur impose.

D. *Par qui le mariage est-il conclu ?*

R. Le mariage est conclu à la mairie par l'officier de l'état-civil, maire ou adjoint, qui demande aux futurs époux leur consentement mutuel.

---

(1) Docteur Lancereaux, membre de l'Académie de médecine.
(2) Voir la leçon sur la Liberté du foyer, page 26.

D. *Qu'est-ce que le mariage religieux?*

R. Le mariage religieux n'est pas exigé par la loi. C'est une consécration du mariage ordonnée par les différents cultes.

D. *Comment le Code civil résume-t-il les devoirs respectifs des deux époux?*

« Les époux, dit le Code, se doivent mutuellement fidélité, secours, assistance. Le mari doit protection à sa femme, la femme obéissance à son mari. »

D. *Qu'entend-on par fidélité, secours et assistance?*

R. La fidélité est le respect des engagements conclus entre les deux époux. Par secours et assistance, on entend un ensemble de soins réciproques, par lesquels les époux s'aident mutuellement dans toutes les circonstances de la vie.

D. *Comment doit s'entendre la protection à laquelle le mari est tenu envers sa femme?*

R. Il est rare, dans nos sociétés civilisées, que cette protection ait à s'exercer par la violence. L'homme doit protéger sa femme en lui rendant plus légère la tâche qui lui est dévolue. Plus fort, mieux armé qu'elle pour la lutte, c'est lui qui devra assurer le pain et le bien-être à sa femme et à ses enfants.

D. *Quelles sont les limites de l'autorité conjugale?*

R. Chargé de pourvoir à la nourriture et à l'entretien de tous, le mari a une autorité incontestable dans la famille. La femme lui doit obéissance ; mais cette autorité ne doit pas s'exercer d'une manière violente et tyrannique.

D. *Quels sont les droits de l'épouse?*

R. L'épouse est maîtresse dans son ménage. C'est par ses qualités de bonne ménagère, par son économie, sa patience, qu'elle mérite le droit de discuter avec son mari les intérêts généraux de la famille. Elle a aussi le droit de remontrances sur les actes de son mari, si la conduite de celui-ci est irrégulière et débauchée.

D. *Comment l'union doit-elle être maintenue dans un ménage ?*

R. Il est rare que la vie commune ne produise pas certains froissements. Les deux époux doivent se pardonner mutuellement leurs torts, éviter la grossièreté dans leurs paroles, les discussions futiles. La paix d'un ménage est durable quand elle repose sur une confiance réciproque, sur une affection sincère qui dissipe les nuages et ramène le calme.

D. *Le mariage est-il indissoluble ?*

R. Dans certains cas exceptionnels les tribunaux peuvent prononcer le divorce. Toutefois, avant d'en venir à cette extrémité, les parents et les magistrats doivent tenter tous les moyens possibles de réconciliation entre les époux.

Sur les mariages contractés de bonne heure
(Lettre de B. Franklin à John Alleyne)

Cher John,

Vous voulez que je vous dise franchement ce que je pense des mariages précoces... Je vous ai déjà dit que la jeunesse des deux côtés n'était pas une objection. Si j'en dois juger par les ménages que j'ai été à même d'observer, je serais porté à croire que les meilleures chances de bonheur sont pour ceux qui se marient jeunes. Les jeunes gens ont le caractère plus flexible, ils tiennent moins à leurs habitudes, ils s'accoutument donc plus aisément l'un à l'autre : ce qui écarte bien des occasions de querelle. Si de jeunes époux n'ont pas toute la prudence qu'exige la conduite d'un ménage, ils ont, en général, auprès d'eux, des parents ou des amis plus âgés qui peuvent les aider de leurs conseils, et qui sont prêts à suppléer au défaut d'expérience. Un mariage précoce habitue de meilleure heure les jeunes gens à une vie réglée et utile...

Les mariages tardifs offrent cet autre inconvénient qu'ils n'offrent pas aux parents la même chance d'élever leur famille. « Les enfants venus tard sont de bonne heure orphelins », dit un proverbe espagnol...

Au total, je suis charmé que vous soyez marié, et je vous en félicite cordialement. Vous voici en chemin de devenir un citoyen utile; vous vous êtes soustrait à cet état d'éternel célibat, si contraire à la nature...

J'userai sobrement du privilège qu'ont les vieillards de donner des conseils à leurs jeunes amis. Traitez toujours votre femme avec respect, et vous serez respecté non seulement par elle, mais par tous ceux qui vous entourent. N'usez jamais envers elle de paroles piquantes même en badinant; car des plaisanteries de cette nature, renvoyées de l'un à l'autre, dégénèrent souvent en disputes sérieuses. Soyez studieux dans votre état, vous deviendrez savant. Soyez laborieux et économe, vous deviendrez riche. Soyez sobre et tempérant, vous jouirez d'une bonne santé. Enfin soyez vertueux et vous serez heureux, ou du moins, vous vous serez donné les meilleures chances de bonheur.

Benjamin Franklin.

43ᵉ LEÇON

Devoirs des parents envers leurs enfants

D. *Quels sont, d'après la loi, les devoirs des parents envers leurs enfants?*

R. « Les époux, dit le Code, contractent ensemble par le seul fait du mariage, l'obligation de nourrir, entretenir et élever leurs enfants. »

D. *Pourquoi les enfants méritent-ils les soins qu'on leur donne?*

R. Les enfants méritent des soins assidus, surtout dans leur jeune âge, parce qu'ils restent longtemps trop faibles pour subvenir à leurs besoins. Il faut que les parents les soutiennent dans la vie jusqu'à ce qu'ils deviennent des hommes capables de se suffire à eux-mêmes.

D. *Quelles sont les diverses sortes d'éducation que les parents doivent donner ou faire donner à leurs enfants?*

R. Le père et la mère doivent donner ou faire donner à leurs enfants trois sortes d'éducation : *l'éducation physique*, *l'éducation intellectuelle* ou *instruction* et *l'éducation morale*.

D. *Qu'entend-on par éducation physique?*

R. Il faut que la mère veille dès le berceau sur la santé de ses enfants. Les précautions prises dans le jeune âge sont une condition de santé pour l'avenir, et trop souvent on a vu des enfants devenir débiles ou même difformes par l'imprudence ou la négligence des parents.

D. *Qu'est-ce que l'instruction ?*

R. L'instruction est un ensemble d'études qui ont pour but de développer les diverses facultés de l'intelligence et d'acquérir des connaissances utiles à la vie. Les parents devront guider leurs enfants dans le choix d'une profession, d'après les goûts et les aptitudes qu'ils auront remarqués chez eux.

D. *Qu'est-ce que l'éducation morale ?*

R. En même temps que les qualités intellectuelles, les parents doivent cultiver les qualités du cœur, les vertus morales. Cette éducation exige une certaine sévérité qui provoque souvent chez les enfants des résistances et des larmes. Céder à ces plaintes passagères serait pour les parents une marque de faiblesse. L'enfant abandonné à lui-même et livré à ses instincts devient généralement vicieux et mal élevé.

D. *Quelle est l'influence de l'exemple dans l'éducation ?*

R. Outre les préceptes et les conseils, ce qui a le plus d'influence dans l'éducation, c'est l'exemple. Il faut que les parents, dans leur conduite et dans leur langage, se montrent à leurs enfants comme des modèles à imiter.

D. *Pourquoi les parents doivent-ils surveiller les fréquentations de leurs enfants ?*

R. Les parents doivent porter la plus grande attention aux fréquentations et aux compagnies de leurs enfants. Rien n'est si contagieux que l'exemple du vice ; l'instinct d'imitation est provoqué par le mal plutôt que par le bien.

D. *Comment les parents doivent-ils assurer l'avenir de leurs enfants ?*

R. Les parents doivent assurer l'avenir de leurs enfants en leur faisant donner autant d'éducation et d'instruction que leurs moyens le leur permettent, en leur laissant en mourant leur patrimoine et le produit de leur épargne. Il existe aussi des institutions de prévoyance, des sociétés de secours mutuels, des assurances sur la vie qui peuvent constituer aux enfants un capital leur permettant de s'établir.

D. *Pourquoi les parents doivent-ils s'abstenir de toute préférence à l'égard de leurs enfants?*

R. Les parents doivent à tous leurs enfants une égale affection. Toute préférence pourrait, en effet, susciter des divisions et des jalousies. Il est évident, toutefois, que les traitements doivent varier suivant la différence de caractère des enfants.

44e LEÇON

Devoir des enfants envers leurs parents

D. *Quels sont les devoirs des enfants envers leurs parents?*

R. Les enfants doivent à leurs parents une *affection* sans bornes, l'*obéissance*, le *respect*, la *reconnaissance*, l'*assistance* et le *dévouement*.

D. *Comment les enfants doivent-ils aimer leurs parents?*

R. Les enfants doivent rendre à leur père et à leur mère l'affection qu'ils reçoivent d'eux. Ce genre de sentiment s'appelle la piété filiale.

D. *Pourquoi les enfants doivent-ils obéissance à leurs parents?*

R. Les enfants doivent obéissance à leurs parents parce qu'ils sont trop faibles pour se diriger eux-mêmes. Que deviendraient-ils sans soutien, sans appui dans le monde, sans expérience de la vie.

D. *Quels sont les autres avantages de l'obéissance?*

R. Il est de l'intérêt des enfants que leurs parents s'opposent à leurs caprices. De même que le malade doit céder à la volonté du médecin, de même l'enfant doit obéir aux ordres et aux recommandations de ses parents, qui n'ont d'autre souci dans leurs recommandations continuelles que celui de sa santé et son éducation intellectuelle et morale. C'est d'eux qu'il recevra les avis les plus sages et les plus désintéressés.

D. *Que faut-il penser des enfants qui se croient supérieurs à leurs parents comme intelligence et comme instruction ?*

R. Certains enfants se croient supérieurs à leurs parents par leur intelligence ou par leur instruction. Ils raisonnent et critiquent les ordres qu'ils reçoivent. C'est [une grave faute de leur part, et un manque d'égards qu'on ne saurait blâmer trop sévèrement. Leur père et leur mère ont, dans tous les cas, plus d'expérience qu'eux et plus de bon sens. S'ils sont moins instruits, cela prouve qu'ils ont été moins favorisés qu'eux dans leur jeunesse. Les enfants doivent se montrer respectueux envers leurs parents qui leur font donner plus d'instruction qu'ils n'en ont reçue eux-mêmes.

D. *L'obéissance aux parents est-elle encore nécessaire quand les enfants sont devenus des jeunes gens ?*

R. Aujourd'hui les enfants se croient trop vite des hommes. Encore adolescents, ils s'imaginent avoir plus d'expérience et de maturité d'esprit que les personnes âgées. C'est pourtant la jeunesse, surtout, qui a besoin d'être guidée et conseillée, alors que l'attrait du plaisir l'entraîne trop souvent hors de la route du devoir.

D. *Définissez « l'honneur et le respect » que les enfants doivent à leurs parents ?*

R. « L'enfant, dit le Code, doit, *à tout âge*, honneur et respect à ses père et mère. » Honorer et respecter ses parents, c'est ne rien faire qui puisse les offenser, leur témoigner sans cesse des égards et des marques de déférence. Nous devons, d'une façon absolue, nous abstenir à leur égard de toute réponse grossière ou déplacée et de toute indélicatesse.

D. *Pourquoi devons-nous de la reconnaissance envers nos parents ?*

R. Nous devons de la reconnaissance envers nos parents à cause des soins qu'ils nous ont prodigués depuis notre enfance. Qui serait assez ingrat pour oublier les soucis que nous avons causés à notre mère, ses larmes et ses veilles pendant nos maladies, le labeur que notre père s'impose journellement pour assurer notre bien-être présent et notre avenir.

D. *Pourquoi devons-nous à nos parents assistance et dévouement ?*

R. Un jour vient où nos parents sont accablés par l'âge et ne peuvent plus travailler. Peut-être, malgré leurs efforts incessants, n'ont-ils pas su se mettre à l'abri du besoin. C'est alors que les enfants doivent rendre à leur père et à leur mère les soins dont ils ont été eux-mêmes l'objet, exempter leur vieillesse des soucis matériels et les entourer jusqu'à leur dernier jour d'une tendre sollicitude.

D. *Quelles sont encore les qualités que les enfants doivent montrer dans la maison paternelle ?*

R. Il est mille attentions dont les enfants, dans la vie de famille, peuvent s'acquitter envers leurs parents. Ils doivent se montrer prévenants et empressés. Dans les moments pénibles, ce sont les enfants qui, par leur enjouement, leurs témoignages d'affection, peuvent ramener un peu de joie dans le foyer domestique attristé par le malheur.

D. *Quels sont les devoirs envers les grands parents ?*

R. Nous devons à nos grands-pères et à nos grand'mères la même affection, le même respect qu'à nos parents. Ces sentiments doivent être augmentés par la profonde déférence que nous inspirent leur grand âge et le souvenir des épreuves qu'ils ont supportées.

D. *Qu'est-ce que l'esprit de famille ?*

R. Il y a entre les membres d'une même famille une communauté d'origine qui les rend solidaires les uns des autres. Nous sommes légitimement fiers de ce qu'un de nos parents a pu faire de glorieux et de grand. Ayons à cœur de relever l'honneur de la famille, s'il a subi une atteinte.

LECTURES

Pasteur à ses parents

Le jour où l'on inaugura à Arbois (Jura), la plaque placée sur la maison natale de Pasteur, celui-ci s'adressa ainsi à ses parents morts :

« O mon père et ma mère, ô mes chers disparus, qui avez si modestement vécu dans cette petite maison, c'est à vous que je dois tout. Tes enthousiasmes, ma vaillante mère, tu les as fait passer en moi. Si j'ai toujours associé la grandeur de la science et la grandeur de la patience, c'est que j'étais imprégné des sentiments que tu m'avais inspirés.

« Et toi, mon cher père, dont la vie fut aussi rude que ton rude métier, tu m'as montré ce que peut faire la patience dans les longs efforts. C'est à toi que je dois la ténacité dans le travail quotidien. Non seulement tu avais les qualités persévérantes qui font les vies utiles, mais tu avais aussi l'admiration des grands hommes et des grandes choses... Regarder en haut, apprendre au delà, chercher à s'élever toujours, voilà ce que tu m'as enseigné. »

PASTEUR. (1)

Les parents de Diderot

Une des choses qui m'aient fait le plus de plaisir, c'est le propos bourru que me tint un provincial quelques années après la mort de mon père. Je traversais une des rues de ma ville; il m'arrête par le bras et me dit : « Monsieur Diderot, vous êtes bon; mais si vous croyez que vous vaudrez jamais votre père (1), vous vous trompez. » Je crois et je croirai tant que je vivrai que ce provincial m'a dit vrai.....

Un des moments les plus doux de ma vie, ce fut il y a plus de trente ans, et je m'en souviens comme d'hier, lorsque mon père me vit arriver du collège les bras chargés des prix que j'avais remportés, et les épaules couvertes de couronnes qu'on m'avait données, et qui, trop larges pour mon front, avaient laissé passer ma tête. Du plus loin qu'il m'aperçut, il laissa son ouvrage, il s'avança sur la porte et se mit à pleurer. C'est une belle chose qu'un homme de bien et sévère qui pleure.

DIDEROT.

---

(1) Pasteur (1822-1895), illustre savant français, a fait d'importantes découvertes sur les maladies des vers à soie, sur le charbon, sur la rage. Un établissement, où sa méthode est suivie par ses élèves, a reçu le nom d'Institut Pasteur.
(2) Diderot était fils d'un coutelier de Langres.

45ᵉ LEÇON

Devoirs des enfants envers leurs maîtres et envers les autres personnes dignes de respect. — La politesse.

D. *Quel est le premier devoir des enfants envers leurs maîtres ?*

R. Avant tout les enfants doivent à leurs maîtres l'obéissance. A l'école, ils ne doivent avoir d'autre ligne de conduite que la règle à suivre. Le silence et l'attention sont indispensables pour que le maître puisse donner ses explications en toute liberté d'esprit.

D. *Pourquoi devons-nous respecter nos maîtres ?*

R. Nous devons respecter nos maîtres, parce que leur mission est tout entière de sacrifice et de dévouement. Que de travail il leur a fallu pour acquérir les connaissances qu'ils nous enseignent! Que de persévérance leur est nécessaire pour faire entrer ces connaissances dans notre esprit, pour corriger nos erreurs, régler notre jugement, développer nos qualités intellectuelles et morales!

D. *Ne devons-nous pas également de la reconnaissance à nos maîtres ?*

R. Nous devons être reconnaissants envers nos maîtres des efforts qu'ils font pour nous instruire. C'est à eux que nous devrons la situation qui nous permettra de vivre, les connaissances qui nous aideront à gérer et à défendre nos intérêts, le rang que nous occuperons dans la société! Cette reconnaissance doit être accompagnée d'un profond attachement pour leur personne. Les enfants doivent non seulement obéir à leurs maîtres, mais encore les aimer.

D. *En dehors des parents et des maîtres n'est-il pas certaines personnes auxquelles nous devons des égards particuliers ?*

R. Les enfants et les jeunes gens doivent le respect aux vieillards. L'homme aux cheveux blancs, qui a honorablement accompli sa tâche dans la vie a droit à notre vénération. A lui revient la première place dans une assemblée. Nous devons également écouter ses conseils avec attention et déférence.

D. *Quelles sont les autres personnes dignes de notre respect?*

R. Nous devons honorer et respecter les bienfaiteurs de l'humanité, ceux qui, par leur générosité, leur travail, leurs découvertes ont diminué les misères humaines. Honneur au médecin qui se dévoue, au philanthrope qui crée des hôpitaux et des asiles, honneur à tout homme qui accomplit fidèlement tous ses devoirs. Que dans nos paroles et dans nos actes nous ayons à cœur de rehausser le mérite et la vertu.

D. *Qu'est-ce que la politesse?*

R. La politesse ou civilité est la pratique de tous les égards, soit en actions, soit en paroles que nous devons à nos semblables dans la société.

D. *Quels sont les principaux actes de civilité dont nous devons nous acquitter envers nos semblables?*

R. Oter son chapeau pour saluer, rendre le salut, céder le pas à un vieillard, à une dame, ne pas trop élever la voix dans une réunion, n'y pas chuchoter à l'oreille de son voisin, n'interrompre jamais ceux qui parlent; tels sont les principaux actes de civilité dont nous devons nous acquitter dans la société.

LECTURES

Reconnaissance de Carnot (1) envers son vieux maître.

Carnot était né dans un bourg de la Côte-d'Or. Parvenu aux honneurs, il n'oublia jamais sa petite ville natale. Un jour, il s'arracha à ses importants travaux pour revoir les lieux où s'était écoulée son enfance. Il prit le chemin qui menait à la maison d'école. Là, il eut le bonheur de retrouver son vieux maître,

---

(1) Carnot (1753-1823), membre de la Convention, fut surnommé pendant les guerres de la Révolution l'organisateur de la victoire. — Son petit-fils Sadi-Carnot fut nommé Président de la République française en 1887. Il mourut assassiné le 24 juin 1894.

blanchi par les années, qui enseignait encore les petits enfants. Il se jeta à son cou, et, le montrant à ceux qui l'entouraient : « Voilà, dit-il, après mes parents, l'homme à qui je dois le plus ; voilà mon second père. C'est de lui que j'ai appris à connaître et à aimer la France.

LEBAIGUE (1).

Aux enfants qui vont quitter l'école.

Enfants, vous allez entrer dans la vie ; des mille routes qu'elle ouvre à l'activité humaine, chacun de vous en prendra une. La carrière des uns sera brillante, celle des autres obscure et cachée : la condition et la fortune de vos parents en décideront en grande partie. Que ceux qui auront la plus modeste part n'en murmurent point. Ce qui ne dépend point de nous ne saurait être un véritable bien, et, du reste, la patrie vit du concours et du travail de tous ses enfants. Dans la mécanique sociale, il n'y a point de rouage inutile.

Entre le ministre qui gouverne l'Etat et l'artisan qui contribue à sa prospérité par le travail de ses mains, il n'y a qu'une différence, c'est que la fonction de l'un est plus importante que celle de l'autre ; mais à les bien remplir, le mérite est le même.

Que chacun de vous, enfants, se contente donc de la part qui lui sera échue. Quelle que soit sa carrière, elle lui donnera des devoirs à remplir, du bien à faire. Ce sera sa tâche ; qu'il la remplisse avec courage et énergie, honnêtement et fidèlement, et il aura fait dans sa position tout ce qu'il est donné à l'homme de faire.

JOUFFROY (2).
(Discours de distribution de prix.)

46e LEÇON

Devoirs des enfants entre eux. — L'amitié

D. *Quels devoirs doit-on observer entre frères et sœurs ?*

R. Les frères et sœurs se doivent une affection réciproque. Vivant sous le même toit, entourés de la même sollicitude de la part de leurs parents, ce sont des amis donnés par la nature. Que toujours l'union règne parmi

---

(1) Lebaigue, professeur français contemporain, auteur de divers ouvrages d'instruction et d'éducation.
(2) Jouffroy (1796-1842), philosophe français, a publié des *Mélanges philosophiques* et un *Cours d'esthétique*.

eux et que jamais le foyer domestique ne soit troublé par leurs querelles.

D. *Cette union entre frères et sœurs doit-elle toujours subsister ?*

R. L'union entre frères et sœurs doit durer autant que la vie. Rien n'est plus attristant que ces divisions de famille qui proviennent souvent de motifs futiles et qui nuisent aux intérêts des uns et des autres.

D. *Comment doit-on se conduire entre camarades ?*

R. Les enfants doivent rester unis, aussi bien dans leurs études que dans leurs récréations, par la sympathie et la solidarité. Qu'en classe ils soient stimulés par une émulation exempte de jalousie et d'envie. Que les querelles violentes soient proscrites de leurs jeux. Les plus forts doivent protection aux plus faibles, dans le cas où ceux-ci seraient en butte aux vexations de leurs camarades.

D. *Doit-il y avoir entre camarades différence de rang ou de fortune ?*

R. L'égalité doit exister entre les enfants. Sur les bancs de l'école se trouvent des élèves de conditions diverses: le maître ne fait entre eux aucune différence. De même il ne faut pas, surtout pour des causes irraisonnées et souvent injustes, exclure un camarade des jeux qui doivent réunir tous les enfants sans distinction de rang ou de fortune.

D. *Quelles règles doit-on observer dans les jeux ?*

R. Il faut jouer honnêtement et loyalement. Toute tromperie, toute fraude doivent être bannies des jeux de l'enfance absolument comme dans la conduite générale de la vie doivent être proscrits l'hypocrisie et le mensonge.

D. *Les enfants ne doivent-ils pas, dès l'école, participer à des œuvres de mutualité ?*

R. Il est nécessaire que les enfants, dès leur plus jeune âge, comprennent la nécessité de la solidarité entre les hommes. Ils devront donc participer aux œuvres de mutualité scolaire qui leur sont proposées par leurs maîtres.

D. *Qu'est-ce que l'amitié ?*

R. L'amitié est l'affection que nous ressentons à l'égard d'une personne en raison des qualités qui la distinguent et la rendent particulièrement aimable. D'après un moraliste du XVIIe siècle (1) « l'amitié est une parfaite union de deux cœurs formée par le mérite et la vertu, confirmée par la ressemblance des mœurs. (2) »

D. *Quel est l'âge surtout où se forment les amitiés ?*

R. La jeunesse est l'âge des amitiés. C'est le moment où l'âme se livre franchement et sans détour, où l'affection se fonde instinctivement sur une estime et un choix réciproques.

D. *Qu'est-ce qu'un ami ?*

R. Un ami doit être un autre soi-même. A lui nous devons confier nos joies et nos peines, nos espérances et nos déceptions. Il peut être d'une condition différente de la nôtre. Nous devons néanmoins le considérer comme notre égal.

D. *Quels sont les services qu'on se doit rendre entre amis ?*

R. Deux amis se doivent mutuellement aide et assistance. Il doit toujours y avoir entre eux échange d'avis, de conseils sur des déterminations à prendre, sur des fautes à éviter.

LECTURE

Michelet (3) persécuté par ses camarades.

Le troisième jour de mon entrée au collège, mes malheurs commencèrent. Mon air candide, qui annonçait un nouveau venu, fut bien vite remarqué par mes camarades. J'étais gauche, et l'on conclut que j'étais sot. M. Andrieux me dit de lire mon thème, me voilà tout déconcerté. Je commence d'une voix si tremblante, si tremblante qu'un rire universel s'élève de tous les coins. Ce rire cruel augmenta mon trouble et rendit ma lecture plus ridicule : à la fin de chaque phrase ma voix tombait ; impossible de la soutenir. Avec cela ma parole était claire, ma prononciation distincte : je n'étais que mieux entendu de tous ceux qui se

(1) Lemaître de Sacy (1613-1684), écrivain de l'école de Port-Royal, a traduit la *Bible*.
(2) Mœurs a ici le sens de « caractère ».
(3) Michelet (1798-1874), grand historien français, commença par être ouvrier typographe. Par son travail acharné, il arriva à être professeur à l'École normale supérieure. Ses principaux ouvrages sont une *Histoire de France*, une *Histoire de la Révolution française*, l'*Oiseau*, l'*Insecte*, la *Mer*, etc.

moquaient de moi. Une classe est l'endroit le plus commode pour être bafoué. L'un vous fait son compliment, l'autre jette votre livre ou votre cahier par terre; souvent on se rit de vous à poings fermés. M. Andrieux eut pitié de moi et ne me laissa pas achever. Dès ce moment je fus leur jouet. On ne me battit point; quoique moins habitué à donner et à recevoir des coups que les pensionnaires, et d'ailleurs moins fort qu'un grand nombre de mes adversaires, je les aurais repoussés. Mais à l'entrée, à la sortie de la classe, on m'entourait comme une curiosité. Ceux de derrière poussaient les autres et j'avais peine à écarter cette foule hostile, qui ne m'interrogeait que pour rire de mes réponses, quelles qu'elles fussent. J'étais justement au milieu d'eux comme un hibou, en plein jour, tout effarouché.

..... Pendant la classe c'était un autre tourment. Trop faible pour avoir de bonnes places, j'étais toujours à côté des mauvais sujets, et, comme ils n'écoutaient jamais le professeur, ils me persécutaient d'autant plus pour se désennuyer. Seul contre tous, et craignant toujours d'être vu par M. Andrieux, je ne leur rendais guère ce qu'ils me faisaient.

MICHELET.

47ᵉ LEÇON

Devoirs réciproques des maîtres et des serviteurs.

D. *Quel est le premier devoir des serviteurs?*

R. Les serviteurs doivent avant tout l'obéissance. Logés, nourris par le maître, ils doivent exécuter l'engagement qu'ils ont contracté d'exécuter ses ordres.

D. *Comment les serviteurs peuvent-ils mériter la confiance de leurs maîtres?*

R. Les serviteurs doivent se montrer d'une scrupuleuse probité. Trop souvent on voit des domestiques gaspiller les biens de leurs maîtres, prendre d'ingénieux détours pour les voler. Ce sont là des actes qu'on doit réprouver avec indignation et qui d'ailleurs sont punis par la loi.

D. *Les serviteurs ne sont-ils pas tenus à la discrétion envers leurs maîtres?*

R. Les serviteurs doivent se garder de parler au dehors, chez les voisins, des défauts, des imperfections que la vie commune a pu leur faire observer chez leurs maîtres. S'ils viennent à connaître un secret de famille, ils doivent se faire un point d'honneur de ne pas le divulguer.

D. *Le bon serviteur ne doit-il pas prendre fait et cause pour ses maîtres?*

R. Le bon serviteur défendra les intérêts de son maître comme les siens. C'est dans les circonstances difficiles qu'il doit montrer le plus de dévouement. L'Académie et le Gouvernement récompensent chaque année les serviteurs qui ont montré le plus de fidélité et de dévouement envers leurs maîtres.

D. *Quels sont les devoirs des maîtres envers les serviteurs?*

R. Sans doute le maître doit apporter le plus grand soin dans le choix de ses serviteurs; car la prospérité d'une maison dépend souvent de leur honnêteté et de leur délicatesse. Il doit les blâmer quand ils ont commis une faute et surtout leur indiquer le moyen de mieux faire à l'avenir. Mais avant tout il doit se garder à leur égard de toute injustice et de toute tyrannie.

D. *Quels sont les égards que le maître doit à ses serviteurs?*

R. Le maître ne doit pas oublier que les domestiques, comme le nom l'indique (1), font partie de la maison. Ce sont, d'ailleurs, des personnes libres qu'il convient de respecter. Il ne faut pas exiger d'eux un travail au-dessus de leurs forces, ni les traiter avec mépris. A leur tour ils diraient, comme l'âne de La Fontaine : « Notre ennemi, c'est notre maître. » Il est certain que s'aliéner ses domestiques, c'est nuire à ses propres intérêts.

48ᵉ LEÇON

Devoirs à l'égard de la nature et des animaux

D. *Avons-nous des devoirs envers la nature inanimée?*

R. Sans doute, nous devons aimer la nature dans ce qu'elle a de grandiose et de pittoresque. Qui de nous ne s'est senti ému à la vue des magnifiques spectacles qu'elle nous présente? Ce sont là des émotions saines qui déve-

(1) *Domus*, en latin, signifie maison.

loppent en nous le sentiment du beau et donnent à notre âme de nobles aspirations.

D. *Quels sont nos devoirs envers les plantes ?*

R. C'est pour nous un devoir de reconnaissance, en même temps que notre intérêt, d'aimer et d'entourer de nos soins les plantes qui nourrissent l'homme. Sans doute, nous devons arracher de nos champs les mauvaises herbes qui épuisent le sol et nuisent aux récoltes ; mais pourquoi briser inutilement le faible arbrisseau qui, plus tard, portera des fruits, fouler aux pieds les fleurs qui sont la parure de nos jardins ? Trop souvent, les enfants, dans l'insouciance de leur âge, sont portés à des mutilations de cette nature. Ce sont là des violences, des brutalités inutiles.

D. *Quels sont les devoirs de l'homme envers les animaux ?*

R. Tout d'abord nous devons des égards et des soins aux animaux domestiques, car l'homme les associe à ses travaux. Les chiens vigilants qui gardent les troupeaux, les chevaux, les bœufs de labour méritent d'être traités avec bonté et douceur. On ne saurait avoir trop d'indignation contre ceux qui maltraitent ces humbles serviteurs, leur donnent une nourriture insuffisante, les chargent de fardeaux trop lourds, les accablent de coups lorsque leurs forces sont épuisées et ne leur permettent plus d'avancer.

D. *Qu'est-ce que la loi Grammont ?*

R. La loi Grammont porte que « ceux qui auront exercé publiquement et abusivement des mauvais traitements envers les animaux domestiques seront punis d'une amende de cinq à quinze francs et pourront l'être de un à cinq jours de prison. La peine de la prison est toujours applicable en cas de récidive ».

D. *Ne devons-nous pas nous abstenir de mauvais traitements envers les animaux autres que les animaux domestiques ?*

R. Si nous sommes dans l'obligation de tuer les animaux qui servent à la nourriture de l'homme, si nous devons détruire les bêtes nuisibles, tels que les scorpions ou les serpents venimeux, au moins devons-nous éviter de faire souffrir les animaux quels qu'ils soient. Trop souvent, les enfants se plaisent à tourmenter les bêtes; ils doivent, d'une façon absolue, s'abstenir de ces divertissements barbares et cruels.

D. *Quelle est l'utilité des petits oiseaux?*

R. Les petits oiseaux, qui sont l'ornement et la gaîté de nos bois, rendent les plus grands services aux agriculteurs. Ils détruisent les insectes qui dévorent les récoltes. Les enfants qui dénichent les nids sont donc gravement coupables. Ils font preuve d'une stupide cruauté et en même temps privent l'agriculture d'utiles auxiliaires.

49ᵉ LEÇON

DEVOIRS SOCIAUX

D. *Comment divise-t-on les devoirs sociaux?*

R. On divise les devoirs sociaux en devoirs de *justice* et devoirs de *charité*. La *justice* est le respect du droit; elle consiste à nous abstenir de faire du mal à nos semblables. La *charité* est inspirée par l'amour des autres; elle consiste à faire le bien. Les devoirs de justice peuvent être contenus dans cette maxime : « Ne fais pas aux autres ce que tu ne veux pas qu'on te fasse à toi-même. » Les devoirs de charité se résument dans celle-ci : « Fais aux autres ce que tu voudrais qu'on te fît à toi-même. » On appelle aussi les devoirs de justice : les *devoirs stricts*, et les devoirs de charité : les *devoirs larges*.

DEVOIRS DE JUSTICE

Le respect de la vie, le meurtre, le droit de légitime défense, la guerre, le duel, la peine de mort.

D. *Pourquoi la vie de nos semblables est-elle sacrée?*

R. Toutes les sociétés, toutes les religions ont condamné le meurtre. Si nous n'avons pas le droit d'attenter à notre vie, à plus forte raison devons-nous respecter celle des autres. Le meurtre ou homicide sont punis de mort par la loi.

D. *L'homicide ne peut-il pas être plus ou moins grave selon les circonstances?*

R. L'homicide est un crime horrible lorsqu'il est le résultat de la cupidité ou d'une basse vengeance, lorsqu'il est préparé de longue main, c'est-à-dire prémédité. Le meurtre, dans ces conditions, est plus grave que lorsqu'il est provoqué par un mouvement irréfléchi de colère. Quelles que soient pourtant les raisons qui peuvent diminuer la gravité d'un meurtre, ôter la vie à un de ses semblables constitue un crime qui mérite toute la sévérité des lois.

D. *Doit-on considérer comme coupables seulement ceux qui exécutent un meurtre?*

R. C'est l'intention surtout qui constitue le crime. Un scélérat a tiré un coup de fusil sur moi et m'a manqué; moralement et légalement il est aussi coupable que s'il m'avait tué. De même celui qui, sans exécuter l'assassinat, l'a inspiré, l'a provoqué par ses conseils ou ses excitations, est également coupable. D'après la loi, il doit être poursuivi et condamné comme complice.

D. *L'homicide par imprudence est-il condamné par la loi?*

R. L'homicide qui a été accompli involontairement est également puni par la loi. Le meurtrier est coupable dans ce cas de n'avoir pas pris toutes les précautions possibles pour empêcher un malheur. Toutefois, la peine doit être moins grave que pour un meurtre volontaire.

D. *Qu'est-ce que le droit de légitime défense?*

R. J'ai le droit et le devoir de défendre mon existence par tous les moyens, lorsqu'elle est menacée. Si un agresseur attente à ma vie, et si, pour me sauver, je dois le blesser ou même le tuer, je ne serai pas coupable aux yeux de la loi. On ne doit, cependant, en venir à cette extrémité que lorsque tous les moyens de défense ont été épuisés.

D. *N'a-t-on pas le droit de tuer en temps de guerre?*

R. La guerre est la plus affreuse des calamités. Elle plonge de nombreuses familles dans le deuil. Mais, quand il s'agit de défendre l'honneur et les intérêts du pays, de protéger le territoire de la patrie contre une invasion, alors le citoyen, devenu soldat, a le droit de tuer son ennemi sur le champ de bataille. Il est, d'ailleurs, dans le cas de légitime défense, car en attaquant la vie des autres, il défend en même temps la sienne.

D. *Le droit de tuer en temps de guerre n'a-t-il pas des limites?*

R. Ce serait une suprême lâcheté que de tuer un ennemi prisonnier ou blessé. Il faut proscrire, avec indignation, en cas de guerre, le massacre des enfants, des femmes, des vieillards, des non combattants. Rien de plus révoltant aussi que les mauvais traitements qui, s'ajoutant aux maux de la guerre, peuvent causer la mort d'êtres sans défense.

D. *Que faut-il penser du droit de tuer dans le duel?*

R. Le duel, défendu par la loi, est pourtant souvent toléré, les deux adversaires, sur le terrain, pouvant être considérés dans le cas de légitime défense. Le duel d'ailleurs, n'a jamais prouvé la justice de la cause de l'un ou de l'autre des adversaires. C'est un reste d'habitudes barbares qu'il faut bannir de nos mœurs civilisées.

D. *Que faut-il penser de la peine de mort?*

R. En droit strict la société, pas plus que l'individu, n'a le droit de tuer. La suppression de la peine de mort a été demandée par de très grands esprits (1). Mais, s'il est prouvé que les criminels sont souvent arrêtés par la crainte de l'échafaud, il est nécessaire de la maintenir. La société a le droit de se défendre, et l'Etat a le devoir de garantir la sécurité des citoyens.

LECTURE

Le duel.

Gardez-vous de confondre le nom sacré de l'honneur avec ce préjugé féroce qui met toutes les vertus à la pointe d'une épée et n'est propre qu'à faire de braves scélérats... Que penser de celui qui s'expose à la mort pour s'exempter d'être honnête homme? Ne voyez-vous pas que les crimes, que la honte et l'honneur n'ont point empêchés, sont couverts et multipliés par la fausse honte et la crainte du blâme. C'est elle qui rend l'homme hypocrite et menteur; c'est elle qui lui fait verser le sang d'un ami pour un mot indiscret qu'il devrait oublier, pour un reproche mérité qu'il ne peut souffrir.

Rentrez donc en vous-même, et considérez s'il vous est permis d'attaquer, de propos délibéré, la vie d'un homme et d'exposer la vôtre pour satisfaire une barbare et dangereuse fantaisie qui n'a nul fondement raisonnable, et si le triste souvenir du sang versé dans pareille occasion peut cesser de crier vengeance au fond du cœur de celui qui l'a fait couler. Connaissez-vous aucun crime égal à l'homicide volontaire? Et si la base de toutes les vertus est l'humanité, que penserons-nous de l'homme sanguinaire et dépravé qui l'ose attaquer dans la vie de son semblable? Avez-vous oublié que le citoyen doit sa vie à la patrie et n'a pas le droit d'en disposer sans le congé (1) des lois, à plus forte raison contre leur défense.

J.-J. Rousseau.

50ᵉ LEÇON

Autres devoirs de justice

D. *Quels sont les autres devoirs de justice?*

R. Nous devons respecter la *liberté* (2), la *pensée* (3), l'*honneur* et la *réputation* (4) d'autrui.

D. *Comment expliquez-vous qu'un homme puisse nuire à la liberté d'autrui?*

R. Sans doute il n'est plus possible de réduire son prochain en esclavage. Cependant chacun de nous, suivant son rang social, a sous sa dépendance un nombre plus ou moins grand de personnes, qu'il peut astreindre d'une façon humiliante à sa volonté. Tel fonctionnaire, qui rampe bassement devant ses supérieurs, sera hautain, arrogant, d'une exigence sans bornes à l'égard de ceux qui sont au dessous de lui. Un créancier pourra asservir moralement un débiteur, lui enlever toute personnalité, toute volonté.

---

(1) Sans la permission.
(2) Voir les leçons 1, 2, 3, sur la liberté.
(3) Voir les leçons 4, 5, 6 sur la liberté de conscience.
(4) Voir la leçon sur la dignité morale et l'honneur.

Il ne faut pas abuser de l'autorité dont on dispose; sachons respecter l'indépendance et la dignité d'autrui.

D. *Est-ce à dire que nous devions nous abstenir d'user de notre influence sur nos semblables ?*

R. Il est des cas où nous devons user de l'autorité que nous pouvons avoir sur nos semblables. C'est lorsque nous voyons l'un d'eux sur le point de commettre une faute. Donnons-lui alors un avertissement salutaire qui, loin d'annuler sa volonté, l'éclaire et la fortifie.

D. *N'y a-t-il pas quelquefois abus d'autorité de la part des patrons sur leurs ouvriers ?*

R. Il est des patrons qui profitent de la détresse d'un ouvrier pour lui donner un salaire inférieur à celui qu'il mérite; d'autres qui contraignent ceux qui sont sous leurs ordres à professer des opinions politiques ou religieuses qui ne sont pas les leurs. Les patrons sont alors coupables d'abuser de leur autorité.

D. *Les ouvriers n'abusent-ils pas aussi quelquefois du pouvoir que leur donne le nombre ?*

R. D'autre part les ouvriers profitent quelquefois des embarras d'un patron pour exiger de lui une augmentation de salaire. Sans doute ils ont le droit absolu de se mettre en grève, mais lorsque l'entente est établie, ils ne doivent pas profiter d'une circonstance critique et imprévue pour réclamer de nouvelles conditions. C'est exercer une pression coupable sur la liberté du patron, au mépris des engagements contractés.

D. *Comment peut-on porter atteinte à la liberté de penser ?*

R. Sans doute la conscience de l'homme est inaccessible; personne ne peut lui ravir ses croyances. Il est naturellement à l'abri de toute persécution s'il les tient cachées. Mais le jour où il exerce son droit de les manifester, de les répandre, on peut lui interdire de parler selon ses convictions. On peut l'accabler sous le poids des insultes, le couvrir de ridicule. Ce sont là de véritables t ts contre la liberté de enser.

51ᵉ LEÇON

Le respect de l'honneur et de la réputation d'autrui. La calomnie. La médisance.

D. *Comment faut-il considérer l'honneur et la réputation d'un homme ?*

R. L'honneur et la réputation d'un homme sont les fruits de son travail, au même titre qu'une propriété légitimement acquise. L'estime d'autrui est un avantage précieux qui s'acquiert par l'accomplissement quelquefois difficile du devoir : avantage délicat et fragile que souvent une insinuation malveillante suffit à détruire.

D. *Quels sont les avantages d'une bonne réputation ?*

R. Une bonne réputation est une des plus douces satisfactions morales que l'homme puisse éprouver. Elle nous console dans le chagrin, dans la pauvreté, dans la vieillesse. Elle est un point d'appui pour les faibles, un encouragement pour les âmes élevées. Une bonne réputation nous excite à mieux faire encore pour mériter davantage la bonne opinion qu'on a de nous.

D. *Comment attaque-t-on généralement la réputation d'un homme ?*

R. On attaque la réputation d'un homme par la calomnie et la médisance.

D. *Qu'est-ce que la calomnie ?*

R. La calomnie consiste à inventer contre une personne ou à propager en l'exagérant un fait de nature à lui faire perdre l'estime de ses concitoyens. Quelquefois il s'agit d'une chose sans importance, d'une faute légère, quelquefois excusable. On se complaît à la dénaturer en y ajoutant des détails qui l'aggravent.

D. *Ceux qui inventent la calomnie sont-ils seuls coupables ?*

R. Ceux qui se plaisent à répandre la calomnie sont aussi coupables que ceux qui l'inventent. Trop de gens, malheureusement, l'accueillent avec complaisance et varient leurs insinuations perfides : on procède aussi par sous-entendus, par omissions. La faute reprochée devient alors un crime qui va grossissant au gré de l'imagination et de la malice de ceux qui la propagent.

D. *Quelles sont les conséquences de la calomnie ?*

R. La calomnie peut porter le trouble et la désunion dans les familles. Elle peut ruiner un commerçant, décourager un travailleur, frapper un fonctionnaire dans la position qui lui permet de vivre, jeter le déshonneur sur les femmes et les jeunes filles, déconsidérer un homme public et faire perdre ainsi au pays un serviteur utile. Il faut donc se garder de reproduire les bruits infamants que répandent parfois des gens malintentionnés.

D. *Qu'est-ce que la médisance ?*

R. Tandis que la calomnie propage des bruits faux, la médisance répand des bruits réels de nature à nuire à autrui. Elle répète, dans des propos perfides, les fautes des autres, pénètre dans les secrets des familles et les jette en pâture à la curiosité publique. Il est indigne d'un honnête homme de faire ainsi le mal par plaisir, par désœuvrement. La calomnie est d'ailleurs proche parente de la médisance et se substitue facilement à elle.

LECTURE

La calomnie.

La calomnie, monsieur ! Vous ne savez guère ce que vous dédaignez ; j'ai vu les plus honnêtes gens près d'en être accablés. Croyez qu'il n'y a pas de plate méchanceté, pas d'horreurs, pas de conte absurde, qu'on ne fasse adopter aux oisifs d'une grande ville en s'y prenant bien ; et nous avons ici des gens d'une adresse!... D'abord un bruit léger, rasant le sol comme l'hirondelle avant l'orage, *pianissimo* murmure et file, et sème en courant le trait empoisonné. Telle bouche le recueille, et *piano, piano*, vous le glisse en l'oreille adroitement. Le mal est fait, il germe, il rampe, il chemine et *rinforzando* de bouche en bouche il va le diable ; et puis tout à coup, je ne sais comment, vous voyez la calomnie se dresser, siffler, s'enfler, grandir à vue d'œil. Elle s'élance, prend son vol, tourbillonne, enveloppe, arrache, entraîne, éclate et tonne, et devient, grâce au ciel, un cri général, un *crescendo* public, un *chorus* (1) universel de haine et de proscription. Qui diable y résisterait ?

BEAUMARCHAIS (2).

(1) Mots italiens employés en musique. *Piano* signifie doucement, *pianissimo*, très doucement, *rinforzando*, en renforçant, *crescendo*, en augmentant, *chorus*, accord général de chanteurs.

(2) *Beaumarchais* (1722-1799), écrivain français, auteur dramatique. Ses principales œuvres sont le *Barbier de Séville* et le *Mariage de Figaro*.

52ᵉ LEÇON

Le respect de la propriété.

D. *Qu'entend-on par respect de la propriété ? Qu'est-ce que le vol ?*

R. La propriété étant un droit, ce droit doit être respecté. Tout acte portant atteinte à la propriété d'autrui est un vol ; or le vol est puni par la loi.

D. *Y a-t-il des degrés dans le vol ?*

R. Sans doute le vol peut être plus ou moins considérable ; mais la faute consiste moins dans la valeur de l'objet dérobé que dans l'atteinte portée au bien d'autrui. Certaines personnes se croient permis de prendre et de garder de petites choses, à cause de leur peu de valeur. Ce n'en sont pas moins des vols aux yeux de la morale et de la loi.

D. *Que doit-on faire des objets trouvés ?*

R. Tout objet trouvé doit être rendu à son propriétaire. Si celui-ci est inconnu, les objets doivent être déposés au bureau de police ou chez le maire de la commune. Les enfants peuvent aussi effectuer les dépôts de ce genre chez leur instituteur. Garder un objet trouvé constitue un vol.

D. *Quelles sont les diverses formes que peut prendre le vol ?*

R. Beaucoup de personnes, tout en échappant à la loi, commettent de véritables vols, par exemple le marchand qui trompe sur la qualité de la marchandise vendue, l'ouvrier à la journée qui perd son temps au lieu de travailler, l'homme qui emprunte de l'argent sans donner de garantie et qui nie ensuite sa dette. Tous ces actes sont des fraudes ou des vols déguisés.

D. *Pourquoi devons-nous être respectueux du bien d'autrui ?*

R. Nous devons être respectueux du bien d'autrui pour avoir toujours une conscience pure et tranquille et jouir d'une bonne réputation. Le malfaiteur qui vole est arrêté par les agents de l'autorité, conduit devant les tribunaux, condamné le plus souvent à la prison. Quelle honte et quelle dégradation morale pour un homme!

L'homme même qui vole en trouvant le moyen d'échapper à la loi perd toute considération. Il provoque le mépris et l'indignation de tous.

D. *Qu'est-ce que la probité? Quels sont, outre la satisfaction morale qu'elle procure, les avantages de la probité?*

R. La probité consiste dans l'habitude de respecter scrupuleusement le bien d'autrui. S'il arrive malheureusement que la probité soit quelquefois trompée et exploitée par de malhonnêtes gens, il n'en est pas moins vrai qu'elle porte le plus souvent avec elle sa récompense. Dans le commerce elle inspire du crédit et de la confiance; elle garantit la fidélité d'une clientèle; chez tous ceux qui pratiquent cette vertu, elle inspire la sympathie et le respect.

Le malhonnête homme, au contraire, ferait-il fortune, est privé de l'estime publique. Souvent même cette fortune disparaît par les mêmes causes qui l'ont produite. Bien mal acquis ne profite jamais, dit le proverbe.

LECTURE

Le vol.

Il y a bien des manières de porter atteinte à la liberté d'autrui. Le brigandage à main armée, la rapine par violence, le vol avec effraction, le vol simple sont des crimes que la loi punit et que l'opinion flétrit sévèrement.

Le maraudage, enlèvement furtif des fruits de la terre, le braconnage, chasse prohibée, sont souvent regardés comme des actes indifférents ou de peu d'importance; ils sont des vols. Ceux qui en sont, à quelque degré, les victimes, le savent bien, si les auteurs le contestent ou en rient. On ne doit traiter légèrement aucune espèce de vol; ce n'est pas la valeur des objets dérobés, mais le fait même de s'approprier le bien d'autrui qui fait la gravité de la faute.

Il y a des gens qui se feraient scrupule de voler une somme considérable et qui ne craignent pas de mettre la main sur de petites choses. On respectera l'argent, on dérobera un livre; on ne pénétrera pas dans une maison fermée, on ramassera un objet qu'on trouve sur sa route et on le gardera sans rien dire.

STEEG (1).

53ᵉ LEÇON

Le respect des engagements et des promesses.

D. *Combien y a-t-il de sortes d'engagements ?*

R. Il y a deux sortes d'engagements : les engagements écrits ou contrats et les promesses.

D. *Qu'est-ce qu'un contrat ?*

R. Un contrat est une convention par laquelle une ou plusieurs personnes s'obligent, envers une ou plusieurs autres, à faire ou à ne pas faire quelque chose.

D. *Donnez des exemples ?*

R. Un entrepreneur, par exemple, s'engage à construire pour un particulier ou pour une ville, suivant certaines conditions, certaines clauses contenues dans ce qu'on appelle le cahier des charges. L'ensemble des conditions que deux époux s'engagent à observer en se mariant s'appelle le contrat de mariage.

D. *Quelles sont les conditions nécessaires pour former un contrat ?*

R. Quatre conditions sont nécessaires pour former un contrat. Il faut : 1° que les parties aient libre faculté de contracter ; 2° qu'elles contractent librement et en pleine connaissance de cause ; 3° que la matière du contrat soit possible et certaine ; 4° que l'obligation ait une cause licite.

D. *Quelle est la garantie des contrats ?*

R. Si l'engagement est violé par une des parties, elle cause un préjudice à l'autre. C'est pourquoi elle peut être attaquée en « dommages et intérêts ». La loi veille à l'exécution des contrats.

(1) Steeg, écrivain contemporain, fut député, puis inspecteur général de l'Instruction publique, a écrit divers ouvrages de morale et d'éducation.

D. *Certaines personnes peu scrupuleuses n'arrivent-elles pas à se dispenser de tenir leurs engagements?*

R. Certaines personnes peu scrupuleuses profitent quelquefois d'une clause obscure ou ambiguë, d'une simple irrégularité de forme pour rendre nul le contrat qu'elles ont signé. Cette façon d'agir est déloyale et malhonnête.

D. *Qu'est-ce qu'une promesse?*

R. Une promesse est un engagement oral par lequel nous nous obligeons à faire ou à ne pas faire certaines choses.

D. *Quelle est la garantie d'une promesse?*

R. Une promesse est seulement garantie par notre bonne foi. Il suffit à un homme d'honneur d'avoir donné sa parole pour que cette parole tienne lieu d'un engagement écrit : Chose promise, chose due, dit le proverbe.

D. *Sommes-nous libres de nous engager ou de ne pas nous engager par des promesses?*

R. Nous sommes toujours libres de ne pas prendre d'engagement. Avant de faire une promesse, nous devons nous demander si nous pourrons réellement l'accomplir. Mais une fois que nous avons promis, il faut tenir notre parole quoi qu'il arrive.

D. *Que faut-il penser des moyens détournés employés par certaines personnes pour ne pas tenir leurs promesses?*

R. Des gens peu scrupuleux, en prenant un engagement, le subordonnent souvent à certaines conditions sous-entendues. Telle personne pensera en faisant une promesse : Je la tiendrai, si j'ai le temps. C'est de la mauvaise foi. Il vaut mieux ne pas promettre que de promettre en faisant en soi-même de secrètes réserves.

54ᵉ LEÇON

DEVOIRS DE CHARITÉ

La bonté, la bienfaisance, la solidarité.

D. *Qu'est-ce que la bonté?*

R. La bonté est un sentiment qui nous fait participer aux maux, aux douleurs d'autrui et nous pousse à les soulager. Ce mouvement de l'âme consiste dans l'amour du prochain. « Il faut aimer son prochain comme soi-même. »

D. *Que faut-il penser de la théorie qui prétend ramener toutes les vertus à l'amour de soi?*

R. Si l'égoïsme a malheureusement une grande part dans la conduite des hommes, il n'en est pas moins vrai qu'il existe en nous des sentiments désintéressés. Ce sont ceux-là qu'il faut développer parce qu'ils rendent l'âme féconde et vraiment belle. S'efforcer de diminuer les misères humaines, être heureux de la joie des autres, souffrir des peines d'autrui, voilà en quoi consiste la bonté, source de la bienfaisance et de la solidarité humaines.

D. *Qu'est-ce que la bienfaisance?*

R. La bienfaisance, comme son nom l'indique, consiste à faire du bien aux autres hommes. La bonté ne doit pas rester inactive. Elle doit se prodiguer au dehors et répandre ses bienfaits.

D. *Qu'est-ce que l'aumône?*

R. L'aumône consiste à donner une part de son superflu pour soulager la misère. Il nous arrive souvent de rencontrer des infirmes qui ne peuvent pas travailler, des enfants orphelins et sans soutien dans la vie. Il faut les secourir, les aider. Une catastrophe a causé la ruine de nombreuses familles, un fléau a désolé une contrée; à tous ceux qui sont victimes et qui souffrent il faut apporter son offrande, si légère qu'elle soit.

D. *Doit-on donner sans discernement?*

R. L'aumône doit être donnée d'une manière judicieuse. Il peut arriver qu'elle soit une prime donnée à la paresse ou au vice. Mais que ce ne soit pas un prétexte pour tarir en nous la source de la charité. Il vaut mieux égarer quelquefois nos aumônes que de nous exposer à en priver ceux qui ont réellement besoin de notre assistance.

D, *Les riches sont-ils les seuls qui puissent être bienfaisants?*

R. Assurément, ceux qui ont le privilège de la fortune sont lus ue les autres capables de faire le bien autour d'eux. Mais les pauvres gens, eux-mêmes, savent se rendre des services. Ils peuvent donner leurs soins à un malade, l'aide de leurs bras à un voisin qui sera surchargé de travail. Le bienfait ne consiste pas dans la valeur de ce qu'on donne. C'est le cœur qui fait tout, comme dit La Fontaine.

D. *Qu'est-ce que la solidarité ?*

R. Tous les hommes forment une grande famille. Un sentiment de sympathie réciproque et leur intérêt même les pousse à s'unir, pour mieux vaincre les difficultés de la vie.

D. *Que faut-il penser de ceux qui restent isolés dans la société, indifférents au bonheur ou au malheur des autres?*

R. Ceux qui agissent ainsi sont coupables. Dans une société, toute atteinte portée à l'un de ses membres se répercute sur tous. Le malheur qui s'abat sur mon voisin peut me frapper à mon tour. Il faut donc s'entr'aider dans la mesure du possible.

D. *Qu'est-ce qu'une société de secours mutuels ?*

R. Une société de secours mutuels est la réunion de plusieurs personnes qui s'associent pour s'assurer les unes aux autres des soins dans la maladie, des ressources dans le chômage, une retraite dans la vieillesse.

D. *Qu'appelle-t-on philanthropie?*

R. On appelle philanthropie la vertu qui porte certains hommes à créer des institutions bienfaisantes, comme des hôpitaux, des asiles pour les vieillards ou les infirmes. Sont également appelés philanthropes les savants qui, sans motif intéressé, mettent leurs découvertes au service de l'humanité souffrante.

LECTURE

Bienfaisance et charité.

En rentrant de nos promenades à la campagne, notre mère nous faisait presque toujours passer devant les pauvres maisons des malades ou des indigents du village. Elle s'approchait de leurs lits, elle leur donnait quelques conseils et quelques remèdes. Elle faisait de la médecine son étude assidue pour l'appliquer aux indigents. Elle avait des vrais médecins le génie instinctif, le coup d'œil prompt, la main heureuse.

Nous l'aidions dans ses visites quotidiennes. L'un de nous portait la charpie et l'huile aromatique pour les blessés, l'autre des bandes de linge pour les compresses. Nous apprenions ainsi à n'avoir aucune de ces répugnances qui rendent plus tard l'homme faible devant la maladie, inutile à ceux qui souffrent, timide devant la mort.

Elle ne nous écartait pas des plus affreux spectacles de la misère, de la douleur et même de l'agonie. Je l'ai vue souvent debout, assise ou à genoux au chevet de ces grabats des chaumières ou dans les étables où les paysans couchent quand ils sont vieux et cassés, essuyer de ses mains la sueur froide des pauvres mourants, les retourner sous leurs couvertures, leur réciter les prières du dernier moment, et attendre patiemment des heures que leur âme eût passé à Dieu au son de sa douce voix.

Elle faisait aussi de nous les ministres (1) de ses aumônes. Nous étions sans cesse occupés, moi surtout, comme le plus grand, à porter au loin, dans les maisons isolées de la montagne, tantôt un peu de pain blanc, tantôt une bouteille de vin vieux et des morceaux de sucre, tantôt un peu de bouillon fortifiant pour les vieillards épuisés faute de nourriture.

... Nous étions, pour tout le canton, les *fils de la dame*, les anges de secours pour toutes les misères abandonnées des gens de la campagne. Là où nous entrions, entrait une providence, une espérance, une consolation, un rayon de joie et de charité.

LAMARTINE.

55e LEÇON

DEVOIRS CIVIQUES

L'obéissance aux lois

D. *Quel est le premier devoir du citoyen envers l'Etat?*

R. Le premier devoir du citoyen envers l'Etat est l'obéissance aux lois.

D. *Pour quelles raisons doit-on obéir aux lois?*

R. Dans un pays libre, surtout, il faut obéir aux lois parce qu'elles sont l'œuvre des citoyens, ou plutôt de

---

(1) Ministre, celui qui exécute.

leurs mandataires (sénateurs ou députés) qui ont le pouvoir législatif. Désobéir aux lois serait donc se désavouer soi-même.

D. *Doit-on obéir aux lois même quand elles portent atteinte à nos intérêts privés?*

R. Les lois ont pour but l'intérêt général de la communauté. Quand bien même elles porteraient atteinte à quelques intérêts particuliers, seraient-ils les nôtres ou ceux de nos amis, il faut néanmoins leur obéir parce que l'intérêt de quelques-uns doit céder à l'intérêt du plus grand nombre.

D. *Peut-on demander l'amendement ou la suppression d'une loi?*

R. Un citoyen peut toujours demander l'amendement ou la suppression d'une loi qui lui porte préjudice; mais tant qu'elle existe, il doit s'y soumettre.

D. *Que faut-il penser de ceux qui violent la loi ou s'insurgent contre elle?*

R. Ceux qui violent la loi s'exposent à des peines sévères. Quant à ceux qui auraient recours à la force pour s'y soustraire, ils devraient être traités comme des ennemis de la liberté, comme des rebelles. S'insurger contre la volonté nationale constitue un crime de lèse-majesté contre la patrie.

D. *Quel est le grand citoyen de l'antiquité qui a déclaré que la mort était préférable à la désobéissance aux lois?*

R. Ce grand citoyen est Socrate. Condamné injustement à boire le poison, il refusa de s'évader, comme on lui en donnait les moyens, et déclara qu'il préférait mourir plutôt que de désobéir aux lois de son pays.

D. *L'obéissance aux lois ne suppose-t-elle pas l'obéissance aux magistrats?*

R. Si nous devons obéir aux lois, nous devons obéir également à ceux qui sont chargés de la faire exécuter. Non seulement le juge, mais encore tout représentant de l'autorité publique doit être l'objet de notre respect.

56ᵉ LEÇON.

L'impôt. L'impôt du sang ou service militaire.

D. *Qu'est-ce que l'impôt ?*

R. L'impôt est une redevance que nous devons à l'Etat en échange des services qu'il nous rend.

D. *Pourquoi devons-nous payer l'impôt ?*

R. Nous devons payer l'impôt parce qu'il est nécessaire à la prospérité de l'Etat et surtout parce que ce sont les citoyens eux-mêmes qui l'ont consenti par l'intermédiaire de leurs représentants.

D. *A quoi servent les impôts ?*

R. Les impôts servent à payer les divers services publics, à entretenir l'armée, la flotte, la police, à faciliter les communications par la poste et le télégraphe, à construire des écoles, tracer des routes, creuser des canaux, des ports, etc.

D. *Que faut-il penser de ceux qui cherchent à frauder l'Etat ?*

R. Beaucoup de gens s'imaginent que l'Etat est assez riche et qu'il n'y a pas grand crime à le voler. C'est une grave erreur. Frauder l'Etat, c'est frauder tout le monde. Il faut bien se persuader de cette vérité que l'Etat ne prend pas l'argent pour s'enrichir. Il le prend d'une main pour le donner de l'autre, c'est-à-dire le dépenser pour le profit de la communauté des citoyens.

D. *Qu'est-ce que le service militaire ou impôt du sang ?*

R. Nous devons à la patrie non seulement notre argent, mais un certain temps pendant lequel nous nous exerçons au métier des armes. Notre vie, en temps de guerre, appartient au pays et nous devons être prêts à la sacrifier pour lui.

D. *Dans quelle disposition d'esprit devons-nous faire notre service militaire ?*

R. Nous devons faire notre service militaire avec un esprit absolu d'obéissance et de dévouement. Le soldat ne saurait jouir, au régiment, de la même liberté que le citoyen. Il doit se conformer, avec une docilité absolue, aux règlements militaires plus sévères que les lois civiles.

D. *Pourquoi ne peut-on pas jouir, dans l'armée, de la même liberté que dans la vie civile?*

R. Dans la vie civile, la liberté doit être laissée à tous pour qu'une salutaire rivalité produise un progrès dans toutes les branches de l'activité humaine. L'armée, au contraire, est un corps savamment constitué où chacun a son poste marqué. Au lieu que la société civile prospère par suite des efforts individuels et spontanés de chacun de ses membres, dans l'armée le résultat à obtenir dépend d'une unité de direction s'imposant à tous et supprimant, par cela même, l'initiative du soldat dans le rang.

LECTURE

Le respect de l'uniforme.

Je me promenais un soir dans les faubourgs d'une ville où plusieurs régiments d'infanterie et de cavalerie tiennent garnison. Je vis venir à moi un groupe de quatre ou cinq fantassins qui étaient ivres. Ils marchaient en battant les murs et chantaient à tue-tête le refrain de quelque grossière chanson. Tandis que je contemplais cet ignoble spectacle, un cuirassier vint à passer. C'était un grand garçon qui avait les yeux bleus et la chevelure un peu rousse, une figure énergique et fière. Je le vis qui marchait à la rencontre des ivrognes. Arrivé près d'eux, il s'arrêta et se mit à leur parler d'une voix indignée. Ce qu'il leur dit alors, je ne pourrais guère vous le répéter, car le brave soldat, emporté par sa généreuse colère, traitait ces brutes en termes passablement vifs. Il leur reprochait de déshonorer l'uniforme, d'être un objet de scandale pour les passants, et une honte pour le régiment dont ils portaient le numéro...

Deux d'entre eux, que cette véhémente apostrophe avait un peu dégrisés firent mine de vouloir se fâcher, et levèrent la main sur lui. Il les saisit l'un et l'autre par l'épaule et les secoua de telle sorte, que personne n'eut plus envie de provoquer un si robuste gaillard.

Après cette petite scène, les fantassins s'éloignèrent, et le cuirassier reprit sa marche. Je m'approchai alors de lui, et je le félicitai vivement. Il me répondit avec un bon sourire :

« Dame, monsieur, moi qui suis Alsacien, moi qui ai quitté le pays pour ne pas servir dans un régiment prussien, vous comprenez que ça me dégoûte de voir des militaires qui galvaudent (1) ainsi l'uniforme!.. »

Je vous laisse à penser si je serrai la main de ce brave garçon.

G. DURUY (2).

57ᵉ LEÇON

Le patriotisme

D. *Qu'est-ce que le patriotisme ?*

R. Le patriotisme est l'affection qui nous attache au pays où nous sommes nés et que nos ancêtres ont défendu contre les entreprises de l'étranger. Ce sentiment nous fait aimer non seulement le sol natal, mais encore le pays tout entier, toutes les provinces, qui obéissent aux mêmes lois et sont régies par le même gouvernement.

D. *Quels sont les exemples de patriotisme que nous trouvons dans notre histoire ?*

R. A toutes les époques de notre histoire le patriotisme a produit des miracles de dévouement et d'héroïsme. On peut citer, entre mille autres, les noms du chevalier d'Assas, du petit tambour Barra, de Jeanne d'Arc, la sainte héroïne de la France, etc., etc.

D. *A quel moment se manifeste surtout le patriotisme?*

R. Le patriotisme se manifeste surtout en temps de guerre, quand la patrie est en danger. Alors il provoque un élan généreux et spontané, un enthousiasme comme celui qui, en 1792, fit surgir de tous les points de la France les volontaires intrépides qui, à Valmy, à Jemmapes, à Fleurus, repoussèrent l'envahisseur et ont mérité l'admiration des siècles à venir.

(1) Galvauder signifie ici déshonorer.
(2) Georges Duruy, fils de l'historien et ancien ministre Victor Duruy, fut professeur d'histoire et a publié divers ouvrages d'éducation, des romans, une *Histoire de Turenne*.

D. *Le patriotisme se manifeste-t-il seulement en temps de guerre ?*

R. Le patriotisme peut se manifester en temps de paix dans tous les actes de la vie publique des citoyens. Il faut du patriotisme au ministre qui accepte de veiller avec fidélité et désintéressement aux destinées de la nation. Il faut du patriotisme au simple citoyen pour supporter sans se plaindre les charges qui pèsent sur lui, l'impôt, le service militaire par exemple, pour subir les lois qui lui causent préjudice quand elles sont utiles à l'intérêt général du pays.

D. *Connaissez-vous d'autres exemples du patriotisme ?*

R. Parmi les autres exemples du patriotisme on peut citer le savant qui refuse de livrer aux ennemis de sa patrie un secret relatif à la défense nationale, l'artiste qui honore son pays et lui reste fidèle malgré les offres qui lui sont faites par l'étranger, l'explorateur qui, à travers mille dangers, étend le domaine colonial de sa patrie.

D. *Qu'est-ce que le cosmopolitisme ?*

R. Le cosmopolitisme est une théorie d'après laquelle les hommes ne doivent reconnaître qu'une seule patrie : l'humanité.

D. *Quelle est la part de vérité de cette théorie ?*

R. Il serait désirable que tous les peuples fussent frères et que les barrières qui les séparent fussent brisées. Mais, dans l'état actuel de l'humanité, le peuple qui mettrait en pratique cette théorie serait dupe des autres. Nous voyons, en effet, toutes les nations de l'Europe augmenter sans cesse leurs armements. Que deviendrait la France, par exemple, si elle était désarmée et si elle se mettait à la merci des appétits éveillés autour d'elle ? Le jour est encore loin, malheureusement, où les peuples pourront oublier leurs querelles, leurs haines séculaires et fraterniser.

LECTURE

Les soldats de l'an II.

Contre toute l'Europe avec ses capitaines,
Avec ses fantassins couvrant au loin les plaines,
    Avec ses cavaliers,
Tout entière debout comme une hydre vivante,
Ils chantaient, ils allaient, l'âme sans épouvante
    Et les pieds sans souliers.

Au levant, au couchant, partout, au sud, au pôle,
Avec de vieux fusils sonnant sur leur épaule,
    Passant torrents et monts,
Sans repos, sans sommeil, coudes percés, sans vivres,
Ils allaient, fiers, joyeux, et soufflant dans des cuivres
    Ainsi que des démons.

La liberté sublime emplissait leurs pensées ;
Flottes prises d'assaut, frontières effacées
    Sous leur pas souverain.
O France, tous les jours c'était quelque prodige,
Chocs, rencontres, combats ; et Joubert sur l'Adige
    Et Marceau sur le Rhin !

On battait l'avant-garde, on culbutait le centre,
Dans la pluie et la neige et de l'eau jusqu'au ventre,
    On allait ! En avant !
Et l'un offrait la paix, et l'autre ouvrait ses portes,
Et les trônes, roulant comme des feuilles mortes,
    Se dispersaient au vent.

La Révolution leur criait : « Volontaires !
Mourez pour délivrer tous les peuples vos frères ! »
    Contents, ils disaient oui.
« Allez, mes vieux soldats, mes généraux imberbes ! »
Et l'on voyait marcher ces va-nu-pieds superbes
    Sur le monde ébloui !

La tristesse et la peur leur étaient inconnues.
Ils eussent, sans nul doute, escaladé les nues,
    Si ces audacieux,
En retournant les yeux dans leur course olympique,
Avaient vu derrière eux la grande République
    Montrant du doigt les cieux.

                    Victor Hugo.

58ᵉ LEÇON

DEVOIRS ENVERS DIEU

D. *Quelles sont les preuves de l'existence de Dieu?*

R. Les nombreuses preuves de l'existence de Dieu peuvent être ramenées à quatre principales : 1° la preuve par l'idée de cause; 2° la preuve par la nécessité d'une intelligence supérieure réglant l'ensemble des choses; 3° la preuve par l'existence de la loi morale; 4° la preuve par le consentement universel des peuples.

D. *Donnez l'explication de ses diverses preuves?*

R. 1° *La preuve par l'idée de cause.* Nous voyons autour de nous que tout a une cause. Tout fait est produit par un autre. Si pour expliquer le monde, nous remontons de cause en cause, nous sommes obligés d'arriver à une cause première qui s'explique par elle-même ou, en d'autres termes, qui soit à elle-même sa propre cause. Cette cause, je l'appelle Dieu. Donc Dieu existe.

2° *La preuve par la nécessité d'une intelligence supérieure.* Malgré le désordre apparent que nous voyons dans le monde, il existe cependant des lois immuables, réglant tous les phénomènes de la nature. Les lois de la physique, le mouvement régulier des astres, l'étude des minéraux, des végétaux et des animaux, leurs rapports les uns avec les autres nous donnent l'idée d'une intelligence supérieure présidant à l'ordre qui règne dans le monde. Cette intelligence supérieure, je l'appelle Dieu. Donc Dieu existe.

3° *La preuve par l'existence de la loi morale.* Notre conscience nous révèle l'existence d'une loi morale à laquelle nous devons conformer nos actions. Or toute loi suppose un législateur. Donc Dieu existe.

4° *La preuve par le consentement universel des peuples.* Tous les peuples ont reconnu l'existence d'une puissance supérieure à celle de l'homme. Une croyance aussi généralement répandue ne pourrait se comprendre sans l'existence d'un être suprême s'imposant à l'intelligence de tous. Donc Dieu existe.

D. *Quelle est la meilleure manière d'honorer et de servir Dieu ?*

R. La meilleure manière d'honorer et de servir Dieu est d'accomplir fidèlement tous nos devoirs.

D. *Qu'est-ce que la prière ?*

R. La prière ne doit pas être une sollicitation égoïste formulée du bout des lèvres pour obtenir sans effort ce que nous désirons. Ce qu'il faut demander à Dieu, c'est de devenir meilleurs, plus capables de réaliser le bien.

D. *Comment doit-on entendre la tolérance religieuse ?*

R. Nous devons respecter les convictions religieuses, quand elles sont sincères. De même, nul n'a le droit de persécuter celui qui ne pratique aucun culte extérieur.

D. *Comment devons-nous considérer Dieu ?*

R. Nous devons considérer Dieu comme un idéal de justice et de vérité, vers lequel doivent tendre toutes nos actions.

LECTURE

L'espoir en Dieu.

O toi, que nul n'a pu connaître,
Et n'a renié sans mentir,
Réponds-moi, toi qui m'as fait naître,
Et demain me feras mourir !

Puisque tu te laisses comprendre,
Pourquoi fais-tu douter de toi ?
Quel triste plaisir peux-tu prendre
A tenter notre bonne foi ?

Dès que l'homme lève la tête,
Il croit t'entrevoir dans les cieux ;
La création, ta conquête,
N'est qu'un vaste temple à ses yeux.

Dès qu'il redescend en lui-même,
Il t'y trouve, tu vis en lui.
S'il souffre, s'il pleure, s'il aime,
C'est son Dieu qui le veut ainsi.

De la plus noble intelligence
La plus noble ambition
Est de prouver ton existence,
Et de faire épeler ton nom.

De quelque façon qu'on t'appelle,
Brahma, Jupiter ou Jésus,
Vérité, Justice éternelle,
Vers toi tous les bras sont tendus.

Le dernier des fils de la terre
Te rend grâces du fond du cœur
Dès qu'il se mêle à sa misère
Une apparence de bonheur.

Le monde entier te glorifie ;
L'oiseau te chante sur son nid ;
Et pour une goutte de pluie
Des milliers d'êtres t'ont béni.

Tu n'as rien fait qu'on ne l'admire ;
Rien de toi n'est perdu pour nous ;
Tout prie, et tu ne peux sourire
Que nous ne tombions à genoux.

Alfred de MUSSET (1).

---

(1) Alfred de Musset (1810-1857), célèbre poète du XIXe siècle, un des chefs de l'École romantique, a publié entre autres ouvrages des *Poésies diverses*, les *Nuits*, les *Stances à la Malibran*, la *Lettre à Lamartine*, etc., qui ont été réunis sous le titre de *Poésies Nouvelles*, la *Confession d'un Enfant du Siècle*, des *Contes*, des *Nouvelles*, des *Comédies-Proverbes*, etc.

TABLE DES MATIÈRES

	Pages
Préface	3

PREMIÈRE PARTIE

1re Leçon. — La liberté.................................... 7
   Lectures. — Contre ceux qui nient la liberté (Voltaire). 8
      La liberté, droit naturel de l'homme (J. Simon)........................ 9

2e Leçon. — La liberté (suite). La liberté égale pour tous ou égalité...................... 10
   Lecture. — Respect de la liberté d'autrui. La vente des esclaves à Washington (Mme Becker-Stowe)........................ 11

3e Leçon. — La responsabilité. La personnalité humaine. 13
   Lectures. — La liberté à travers l'histoire. L'esclavage dans l'antiquité............. 15
      Le servage............................. 16

4e Leçon. — Des diverses sortes de liberté............... 16
   La liberté civile. La liberté de conscience............ 17
   Lecture. — Conscience (J.-J. Rousseau)............... 17

5e Leçon. — La liberté de conscience (suite). La tolérance 18

6e Leçon. — La liberté des cultes........................ 19
   Lectures. — La liberté de penser (J. Simon). Mort de Thomas Morus (D. Nisard)........ 20

	Pages
7e LEÇON. — La liberté de la presse................	22
Lecture. — La liberté de la presse (Jules Simon).....	24
8e LEÇON. — La liberté de réunion et d'association......	24
9e LEÇON. — La liberté du foyer...................	26
Lecture. — Rôles respectifs de l'homme et de la femme en Amérique (De Tocqueville)........	27
10e LEÇON. — La liberté du travail.................	28
Lecture. — Coup d'œil historique sur l'organisation du travail avant la Révolution (d'après J. Simon).......................	30
11e LEÇON. — La liberté du capital ou droit de propriété. L'épargne....................	32
12e LEÇON. — Rapports du capital et du travail. Le droit de grève......................	34
Lecture. — Le gréviste (François Coppée)..........	36
13e LEÇON. — La liberté du commerce................	38
Lecture. — Le commerçant malhonnête (Herbert Spencer)........................	39
14e LEÇON. — L'industrie. Le libre échange et la protection	40
Lecture. — Libre échange et protection (Bachelet)....	42
15e LEÇON. — De diverses autres professions. L'agriculture. Les professions libérales. Les fonctions administratives. La colonisation....	43
16e LEÇON. — La liberté politique....................	44
17e LEÇON. — La liberté du vote....................	46
Lecture. — Le suffrage universel (V. Hugo)..........	47
18e LEÇON. — Les divisions administratives de la France. La commune.......................	48
19e LEÇON. — Le canton et l'arrondissement.............	50
20e LEÇON. — Le département. Le Préfet. Le Conseil général.........................	51
Lectures. — Le Préfet. Le Préfet tuteur des communes (G. Compayré)..................	52
21e LEÇON. — La Constitution de la France.............	53
Lectures. — La République (Gambetta)..............	54
Vive la République! (L. J.)............	55

	Pages
22ᵉ Leçon. — De la division des pouvoirs..............	55
Lecture. — La pondération des pouvoirs (G. Compayré)	56
23ᵉ Leçon. — La Chambre des députés. Le Sénat. Le Conseil d'Etat........................	57
24ᵉ Leçon. — Le Président de la République. Les ministres.............................	58

DEUXIÈME PARTIE

Les limites de la liberté. Les devoirs..................... 61

25ᵉ Leçon. — Le devoir considéré en lui-même. Les sanctions de la loi morale.................. 63
  Lectures. — La conscience morale (P. Janet). Le remords (Massillon)................. 64
  Le sentiment de la justice. Les deux frères et le champ (Lamartine).......... 65
26ᵉ Leçon. — Division des devoirs. **Devoirs envers notre corps**........................ 66
  Lecture. — Le suicide (J.-J. Rousseau)............. 67
27ᵉ Leçon. — La propreté. L'hygiène. La gymnastique... 68
28ᵉ Leçon. — **Devoirs envers l'âme**................... 69
  Devoirs envers la sensibilité. Le sentiment de la dignité morale..................... 70
29ᵉ Leçon. — L'amour-propre. L'égoïsme............... 71
  Lectures. — L'envie (Vauvenargues). Une forme particulière de l'envie : la jalousie (Massillon) 73
30ᵉ Leçon. — Devoirs envers l'intelligence. La véracité... 74
  Lectures. — Le respect de la vérité (Epictète)........ 75
  Sincérité (Allou).................... 76
31ᵉ Leçon. — Le mensonge. L'hypocrisie............... 76
  Lectures. — Le mensonge (Montaigne). Une forme de l'hypocrisie : la duplicité (Diderot)..... 78
32ᵉ Leçon. — Des diverses qualités de l'intelligence. La prévoyance. L'ordre. Le devoir de s'instruire............................. 79
  Lectures. — L'ordre et l'emploi du temps (F. Soulié). Prévoyance et persévérance (E. Souves-

	Pages
tre). Lettre d'une mère à son fils (Sarah Bernhardt)....................................	81
33ᵉ Leçon. — Division des facultés de l'intelligence. Le jugement et le raisonnement............	82
34ᵉ Leçon. — La mémoire............................	84
Lecture. — La mémoire (***).......................	85
35ᵉ Leçon. — L'imagination. Ses avantages............	85
L'espérance.............................	87
36ᵉ Leçon. — Défauts de l'imagination.................	87
Lecture. — L'imagination mal réglée (Fénelon)......	88
37ᵉ Leçon. — Devoirs envers la volonté...............	88
Le courage...............................	89
Lectures. — Le courage civil : Héroïsme d'un enfant (A. de Salvandy). Juliette Dodu (Compayré)........................	91
La mort de Rotrou. Morts pour la patrie (André Lemoyne).....................	92
38ᵉ Leçon. — Le langage.............................	92
39ᵉ Leçon. — L'habitude.............................	93
40ᵉ Leçon. — Devoirs communs à l'âme et au corps. Le travail................................	95
Lecture. — Le travail des mains et le travail de l'intelligence.............................	96
41ᵉ Leçon. — La tempérance. L'alcoolisme.............	97
L'abus du tabac.........................	98
Lecture. — La folie produite par l'alcool (Dʳ Lancereaux)................................	98
42ᵉ Leçon. — Devoirs de famille. Devoirs des époux entre eux..................................	99
Lecture. — Sur les mariages contractés de bonne heure (B. Franklin).............................	101
43ᵉ Leçon. — Devoirs des parents envers leurs enfants...	102
44ᵉ Leçon. — Devoirs des enfants envers leurs parents...	104
Lectures. — Pasteur à ses parents.....................	106
Les parents de Diderot..................	107

Pages

45ᵉ Leçon. — Devoirs des enfants envers leurs maîtres et envers les autres personnes dignes de respect. La politesse 108
Lectures. — Reconnaissance de Carnot envers son vieux maître (Lebaigue) 109
Aux enfants avant de quitter l'école (Jouffroy) 110

46ᵉ Leçon. — Devoirs des enfants entre eux. L'amitié.... 110
Lecture. — Michelet persécuté par ses camarades (Michelet) 112

47ᵉ Leçon. — Devoirs réciproques des maîtres et des serviteurs 113

48ᵉ Leçon. — Devoirs à l'égard de la nature et des animaux 114

49ᵉ Leçon. — Devoirs sociaux: Devoirs de justice. Le respect de la vie, le meurtre, le droit de légitime défense, la guerre, le duel, la peine de mort 116
Lecture. — Le duel (J.-J. Rousseau) 118

50ᵉ Leçon. — Autres devoirs de justice 119

51ᵉ Leçon. — Le respect de l'honneur et de la réputation d'autrui. La calomnie. La médisance 121
Lecture. — La calomnie (Beaumarchais) 122

52ᵉ Leçon. — Le respect de la propriété 123
Lecture. — Le vol (Steeg) 124

53ᵉ Leçon. — Le respect des engagements et des promesses 125

54ᵉ Leçon. — Devoirs de charité. La bonté, la bienfaisance, la solidarité 126
Lecture. — Bienfaisance et charité (Lamartine) 128

55ᵉ Leçon. — Devoirs civiques. L'obéissance aux lois 129

56ᵉ Leçon. — L'impôt. L'impôt du sang ou service militaire 131
Lecture. — Le respect de l'uniforme (G. Duruy) 132

57ᵉ Leçon. — Le patriotisme 133
Lecture. — Les soldats de l'an II (V. Hugo) 135

58ᵉ Leçon. — Devoirs envers Dieu 136
Lecture. — L'espoir en Dieu (A. de Musset) 137